Deutsch
als Fremdsprache I B
Ergänzungskurs

von Korbinian Braun
und Friedrich Schmöe

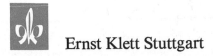
Ernst Klett Stuttgart

Deutsch als Fremdsprache

Ein Unterrichtswerk für Ausländer

Herausgegeben von
Dr. Korbinian Braun, Dr. Lorenz Nieder, Friedrich Schmöe

Deutsch als Fremdsprache I A Grundkurs
von Korbinian Braun, Lorenz Nieder und Friedrich Schmöe

Deutsch als Fremdsprache I B Ergänzungskurs
von Korbinian Braun und Friedrich Schmöe

Deutsch als Fremdsprache II Aufbaukurs
von Korbinian Braun, Lorenz Nieder und Friedrich Schmöe

1. Auflage 1^4 3 2 1 | 1977 76 75 74

Alle Drucke dieser Auflage können im Unterricht nebeneinander benutzt werden. Die letzte Zahl bezeichnet das Jahr dieses Druckes.

Photos zu den Lehrtexten: Michael Friedel, München
Einband: H. Lämmle, Stuttgart
Filmsatz und Druck: Ernst Klett, 7 Stuttgart, Rotebühlstr. 77. Printed in Germany.
ISBN 3-12-554500-5

Inhalt

1 Hallo Pedro!

Pedro trifft in Rio seinen deutschen Freund Walter. Walter gibt ihm für seine Reise nach Deutschland Ratschläge.

Pedro: Guten Tag, Walter!
Walter: Hallo Pedro! Wie geht's?
Pedro: Danke gut. Du, ich fahre nach Deutschland.
Walter: Sag mal, wie hast du denn das gemacht?
Pedro: Ich habe ein Stipendium bekommen.
Walter: Gratuliere! Das hat ja prima geklappt. Und wann fährst du?
Pedro: Ich fliege nächste Woche. Kannst du mir ein paar Tips geben, was ich mitnehmen soll?
Walter: Natürlich. Die Papiere hast du sicher schon. Vergiß nicht, warme Sachen mitzunehmen. Denk an den Winter!
Pedro: Am besten ist, wenn du mir beim Packen hilfst.
Walter: Gern. Ruf mich doch an. Gibst du noch eine Abschiedsparty?
Pedro: Klar. Also gut, ich ruf dich an.
Walter: Dann bis bald!

Pedro geht in ein Lufthansa-Büro.

P: Ich hätte gern eine Auskunft über einen
   Flug nach Deutschland.
A: Wann möchten Sie fliegen?
P: Ende nächster Woche.
A: Dann können Sie die Maschine am
   Samstag nach Frankfurt nehmen.
P: Wann geht die Maschine von hier ab?
A: Rio ab 17.00 Uhr über Lissabon.
P: Und wann kommt die Maschine an?
A: Ankunft in Frankfurt, Sonntag, 13.00 Uhr.

Pedro muß durch die Zollkontrolle.

B: Ihren Ausweis bitte! –
   Haben Sie was zu verzollen?
   Kaffee, Zigaretten, Spirituosen?
P: Ich habe 200 Zigaretten und etwas
   Kaffee.
B: Bitte öffnen Sie den Koffer.
   Wie lange wollen Sie hier bleiben?
P: Ein Jahr.
B: Wollen Sie hier arbeiten?
P: Nein, ich will in Köln studieren.
B: In Ordnung. Danke!

Pedro führt im Zug ein Gespräch.

D: Ist der Platz hier noch frei?
P: Ja. – Kann ich Ihnen helfen?
D: O, das ist sehr freundlich von Ihnen.
   Sind Sie Ausländer?
P: Ja, ich bin Brasilianer.
D: Sind Sie schon lange in Deutschland?
P: Nein, ich komme direkt aus Brasilien.
D: Sie sprechen aber schon gut Deutsch.
   Hoffentlich gefällt es Ihnen hier.
P: Ja, das hoffe ich auch.

Ergänzen Sie die Dialoge mit Hilfe der angegebenen Wörter und Ausdrücke:

Im Reisebüro

P: Ich .... eine Auskunft	*hätte gern/möchte*
über einen Flug nach	*–/–*
A: Wann möchten Sie ....?	*fliegen/abfliegen*
P: Ende .... Woche.	*dieser/nächster*
A: Dann .... Sie die Maschine	*können/müssen*
am Samstag nach .... nehmen.	*Frankfurt/Zürich/usw.*
P: Wann .... die Maschine hier ....?	*abfliegen/abgehen*
A: Ab .... um .... Uhr.	*–/–; –/–*
P: Und wann .... die Maschine ....?	*ankommen/eintreffen*
A: Ankunft in .... am .... um .... Uhr.	*–/–; –/–; –/–*

Paß- und Zollkontrolle

B: Ihre(n) .... bitte!	*Paß/Ausweis/Papiere*
P:	*bitte/hier bitte/bitte sehr*
B: Haben Sie was ....?	*zu verzollen/anzumelden*
P: Ich habe .... und	*Zigaretten/Kaffee/Tee/usw.*
B: Bitte .... Sie den Koffer ....!	*öffnen/aufmachen*
Wie lange bleiben Sie in ....?	*der BRD/Deutschland*
P:	*–/–*
B: Wollen Sie hier ....?	*arbeiten/Arbeit aufnehmen*
P: Ich will in	*–/–; studieren/zur Uni gehen*
B: ...., danke.	*gut/in Ordnung*

Ein Gespräch im Zug

D: Ist der Platz hier ....?	*noch frei/besetzt*
P: Ja. .... ich Ihnen helfen?	*können/dürfen/sollen*
D: O, das ist sehr .... von Ihnen.	*freundlich/nett*
Sind Sie ....?	*Ausländer/Amerikaner/usw.*
P: ...., ich bin	*ja/nein; –/–*
D: Sind Sie schon lange ....?	*in Deutschland/in der Bundesrepublik*
P: Nein, ich komme direkt aus	*–/–*
D: Sie .... aber schon gut Deutsch.	*sprechen/können/verstehen*
Hoffentlich gefällt es Ihnen	*hier/in der BRD/in Europa*
P: Das hoffe ich auch.	

1 Wohin fahren Sie?

Ich fahre nach Deutschland.	Er fährt nach Deutschland.
Ich fahre nach Frankfurt.	Er ....
Ich fahre nach Köln.	Er ....
Ich fahre zur Universität.	Er ....
Ich fahre zur Arbeit.	Er ....
Ich fahre nach Haus.	Er ....

2 Wiederholen Sie die Übung und beginnen Sie:

„Er fährt nach Deutschland."   „Fährst du auch nach Deutschland?"

3 Bitte antworten Sie:

Triffst du ihn?	Ja, ich treffe ihn.
Siehst du ihn?	Ja, ...
Hilfst du ihm?	Ja, ...
Sprichst du mit ihnen?	Ja, ...
Liest du das Buch?	Ja, ...
Nimmst du das Buch mit?	Ja, ...
Gibst du es ihr?	Ja, ...

4 Wiederholen Sie die Übung und beginnen Sie:

„Ich treffe ihn."   „So, du triffst ihn."

5 Bitte fragen Sie:

Hier ist das Buch.	Gibst du ihm das Buch?
Hier ist der Paß.	.... ?
Hier ist die Flugkarte.	.... ?
Hier ist der Koffer.	.... ?
Hier ist die Adresse.	.... ?

6 Wiederholen Sie die Übung und antworten Sie: „Vergiß es nicht!" usw.

7 Bitte antworten Sie:

Wann soll der Bus abfahren?	Er fährt gleich ab.
Wann wird die Maschine abfliegen?	Sie ....
Wann werden wir ankommen?	Wir..............
Wann wollen Sie denn weiterfliegen?	Ich ....
Sie müssen sich noch anmelden.	Ich ....
Sie können die Koffer mitnehmen.	Ich ....
Wann nehmen Sie denn die Arbeit auf?	Ich ....

Deutsche über die Deutschen: fleißig, strebsam, spießig

Der typische Deutsche ist nach Meinung von Rundfunkhörern aus Westdeutschland vor allem fleißig, strebsam und spießig. Bei einer Sendung des Westdeutschen Rundfunks nannten mehr als 2400 Hörer diese drei Eigenschaften am häufigsten.

Aber auch arbeitsam, intolerant und gründlich sind nach Ansicht der Hörer typische Merkmale der Deutschen. Gut, gerecht, zuverlässig und hilfsbereit wurden dagegen nur selten genannt. Ebenso selten wie politisch interessiert, titelsüchtig oder ausländerfeindlich.

Die fast 500 verschiedenen Antworten zeigen, wie schwer es ist, den „typischen" Deutschen zu charakterisieren. Ebenso schwer ist es, etwas über den typischen Engländer, Franzosen, Spanier, Amerikaner, Russen, Japaner, Afrikaner, Türken, Chinesen oder den Angehörigen einer anderen Nation auszusagen. „Typisch" erscheinen die Gewohnheiten einer Nation vor allem dem Fremden. Meist sind es aber nur Vorurteile, die die Meinung der Menschen von anderen Nationen bestimmen. Dies gilt für alle „Ausländer", zumindest so lange, bis sie einander persönlich kennenlernen.

Fragen zum Text:

Was meinen die Deutschen über sich selbst?
Welche Eigenschaften halten sie für weniger typisch?
Nennen Sie Eigenschaften,
von denen Sie glauben, daß sie typisch sind
a) für die Deutschen
b) für Ihre eigenen Landsleute
Können Sie Ihre Meinung begründen?

Aufgaben:

Suchen Sie aus dem Text die Wörter,
die Eigenschaften bezeichnen.
Versuchen Sie Reihen zu bilden, z. B. *arbeiten – die Arbeit – der Arbeiter – arbeitsam*

8 Was spricht er und was ist er?

1. Spricht er Englisch?	Ja, er ist Engländer.
2. Spricht er Französisch?	Ja, er ist ....
3. Spricht er Spanisch?	Ja, er ist ....
4. Spricht er Russisch?	Ja, er ist ....
5. Spricht er Deutsch?	Ja, er ist ....

9 Spricht sie Englisch?   Ja, sie ist Engländerin. (usw.)

10 1. John kommt aus London. Er ist .... und spricht .... 2. McKie kommt aus Schottland. Er spricht auch ...., aber er ist .... 3. Bill und Anne kommen aus den USA. Sie sind .... und sprechen .... 4. René und Marie kommen aus Paris. René ist also .... und Marie .... René sagt, in Paris spricht man das beste .... in ganz .... 5. José versteht Spanisch, aber er ist kein ...., sondern Portugiese; er spricht daher .... ebenso wie Pedro, der .... aus Rio. 6. Ali ist Türke. Er kommt aus der .... und spricht natürlich .... 7. Herr Zuki ist .... und kommt aus Tokio. Er spricht am liebsten natürlich .... 8. Sie alle kommen aus dem Ausland, sind also .... Nur Martin aus Berlin und Susanne aus München sind .... und sprechen .... als Muttersprache.

11 Wessen Meinung ist das?

1. Die Meinung .... einzelnen Menschen, ... Mannes, ... Frau, ... Kindes, ist die Ansicht dieses Menschen, ... Mannes, ... Frau, ... Kindes, ... Leute. 2. Der typische Deutsche ist nach Meinung .... Hörer .... Westdeutschen Rundfunks fleißig, strebsam und spießig. 3. Die Ansicht jedes einzelnen Hörers, ... Mannes und .... Frau wurde vom Rundfunk registriert. 4. Das ergab die Meinung .... Hörer .... Westdeutschen Rundfunks, d. h. einen Querschnitt .... Meinungen .... Deutschen. 5. Es war also nicht nur die Meinung von einigen wenigen, sondern die Ansicht .... vielen.

12 Wie ist er (sie)?

1. Was er tut, tut er mit großem Fleiß.	Er ist ....
2. Er arbeitet viel.	Er ist ....
3. Sie strebt vorwärts.	Sie ist............
4. Man kann sich auf ihn verlassen.	Er ist ....
5. Sie ist immer bereit zu helfen.	Sie ist............
6. Sie spart viel.	Sie ist............
7. Sie interessiert sich für Politik.	Sie ist............
8. Sie hat Humor.	Sie ist............
9. Er hat keine Arbeit.	Er ist ....

2 Die Abschiedsparty

Pedro gibt für seine Freunde eine Party und begrüßt seine Gäste:

Pedro: Guten Abend, Barbara, 'n Abend Walter!
Schön, daß ihr da seid. Kommt herein!
Barbara: Statt Blumen: einen Reiseführer durch Deutschland.
Pedro: Ihr denkt an alles.
Darf ich bekannt machen: Meine Schwester Maria und ihr Mann, Herr
Pinto. Fräulein Schumann, Herr Berg.
Alle: Angenehm, guten Abend!
Pedro: Nehmt doch bitte Platz. Was wollt ihr trinken?
Walter: Was gibt es denn? Laß mal sehen.
Pedro: Cola mit und ohne Rum, Wein oder Bier.
Walter: Für mich bitte ein kühles Helles.
Barbara: Ich möchte ein Cola mit viel Eis.
Pedro: Und du, Maria?
Maria: Ich trinke Kaffee. Aber den mache ich selbst.
Pedro: Wer möchte tanzen? Was soll ich auflegen? Beat, Samba, Tango?
Barbara: Ich bin für Samba.
Pedro: Darf ich bitten?

Eine Einladung

P: Guten Tag, Walter.
W: Tag, Pedro, was machst du?
P: Du weißt ja, Reisevorbereitungen.
W: Wann geht's denn los?
P: Ende der Woche. Sag, kannst du
    zu meiner Abschiedsparty kommen?
W: Wann? Morgen abend? – Na klar.
P: Kannst du Barbara im Auto mitnehmen?
W: Ja gern. Bis morgen abend!

Kann ich helfen?

P: Guten Tag, Barbara, hier ist Pedro.
    Hat dich Walter angerufen?
B: Ja, vielen Dank für die Einladung.
P: Kannst du morgen abend kommen?
B: Gern. Wann soll ich denn kommen?
P: Am besten gegen acht.
B: Kann ich dir vorher etwas helfen?
P: Nein, das ist nicht nötig.
B: Dann bis morgen! Tschüs!

Nach der Party

M: Vielen Dank für den schönen Abend!
P: Hat es dir gefallen?
M: Ja, das war sehr schön.
    Habt ihr noch lange gefeiert?
P: Ja, es wurde ziemlich spät.
M: Es war ja auch ein Abschied
    für ein oder zwei Jahre.
P: Ja leider, aber die Zeit vergeht schnell.
M: Wenn wir uns nicht mehr sehen,
    alles Gute und auf Wiedersehn!

Ergänzen Sie die Dialoge mit Hilfe der angegebenen Wörter und Ausdrücke:

Eine Einladung

P: Guten Tag ....,	–/–
hier ist	–/–
W: Tag, ..., was .... du?	–/–; machen/tun
P: Du .... ja, Reisevorbereitungen.	wissen/das kennen
W: Wann .... denn los?	geht es/fährst du
P: .... der Woche. Sag, ... du	Anfang/Mitte; können/wollen
zu meine(r/m) .... kommen?	Party/Abschiedsfest
W: Wann? .... abend?	–/–; na klar/ja gern
P: .... du auch Barbara ....?	können/wollen/mitnehmen
W: Ja .... Bis	gern/natürlich; –/–

Kann ich helfen?

P: Guten Tag ....,	–/–
hier ist	–/–
.... Walter dich ....?	anrufen/einladen
B: Ja, vielen Dank für	Anruf/Einladung
P: .... du morgen kommen?	können/wollen/werden
B: Gern. Wann .... ich denn ...?	sollen; kommen/dasein
P: So gegen	–/–
B: .... ich vorher etwas ....?	können; helfen/tun
P: Nein, das ist nicht	nötig/notwendig
B: Bis .... Tschüs!	–/–

Nach der Party

M: Vielen Dank für	Einladung/Essen/Abend
P: Hat es dir ....?	gefallen/Spaß machen
M: Es war .... und machte Spaß.	sehr schön/nett/prima
.... ihr noch lange ....?	feiern/zusammensitzen
P: Es .... ziemlich spät.	wurde/war schon
M: Es war ja auch ein(e)	Abschied/Abschiedsparty
für	–/–; Monate/Jahre/lange
P: Auch das geht	vorüber/vorbei
M: Wenn wir uns nicht mehr	sehen/treffen/sprechen
.... und auf Wiedersehn!	alles Gute/viel Glück

1 Wo warst du?

Ich war zu Haus.	Was, du warst zu Haus?
Ich war nicht hier.	Was, ...
Ich war krank.	Was, ...
Ich war beim Arzt.	Was, ...
Ich war auf einer Party.	Was, ...

2 Bitte ergänzen Sie:

kommen	Er kam.	mitkommen	Er kam mit.
gehen	....	weggehen	....
fahren	....	mitfahren	....
fliegen	....	abfliegen	....
rufen	....	anrufen	....
sehen	....	zusehen	....
sein	....	dabeisein	....

3 Bitte antworten Sie:

Was hast du gesagt?	Ich habe nichts gesagt.
Was hast du gefragt?	....
Was hast du gemacht?	....
Was hast du geantwortet?	....
Was hast du gedacht?	....
Was hast du gewußt?	....

4 Bitte antworten Sie:

Siehst du ihn noch?	Ich habe ihn schon gesehen.
Triffst du ihn noch?	....
Sprichst du noch mit ihm?	....
Lädst du ihn noch ein?	....
Hilfst du ihm noch?	....
Gibst du ihm das noch?	....
Rufst du ihn noch an?	....

5 Bitte antworten Sie:

Wann kommt der Zug an?	Er ist schon angekommen.
Wann fährt der Bus ab?	....
Wann fliegt die Maschine ab?	....
Wann steigt er denn ein?	....
Wann ist er denn da?	....

Fernsehzeit

Früher, das ist sicher, war alles ganz anders. Wenn früher der Abend kam, wenn es dunkel wurde, wenn man seine Arbeit hinter sich hatte und nach Hause kam, war man da nicht ein freier Mensch? Was hat man früher nicht alles gemacht am Feierabend!

Man ging ins Kino, man besuchte Freunde oder saß irgendwo herum. Oder man hat zu Hause in Ruhe gegessen, geredet, Karten gespielt oder diskutiert. Ich will nur sagen, früher war man so zwischen sieben und zehn Uhr abends glücklich dran. Man war wie ein Kind, das spielen gehen darf.

Früher riefen die Freunde abends einfach an – nach dem Abendessen: „Hallo, wie geht's?" und „Was macht ihr denn heute abend?" oder „Regnet's bei euch auch so?" – „Wollt ihr denn nicht noch ein wenig rüberkommen?" Nur so. Das war einmal.

Heute haben sich alle Anrufe der Freunde auf eine präzise Zeit eingependelt. Sie beginnt um 18 Uhr und endet kurz vor acht. Dann ist nichts mehr, Schweigen, große Pause.

Probleme, die eben noch wichtig waren, scheinen nun unwichtig. Man spürt die Unruhe und Nervosität auf der anderen Seite. Ja, es wirkt beinahe unfreundlich, wenn der andere sagt: „Entschuldige bitte, ich muß jetzt aufhören, leider, auf Wiederhören – danke!" Jetzt kommen die Nachrichten.

Fragen zum Text:

Wann war man früher ein freier Mensch?
Was hat man früher am Abend gemacht?
Was hat man früher seine Freunde gefragt?
Wann finden heute solche Gespräche statt?
Wann enden sie? – Warum enden sie so plötzlich?
Was haben Sie gestern abend gemacht?

Aufgaben:

Welche Sätze im Text stehen im Präsens, im Präteritum, im Perfekt?
Unterscheiden Sie die Formen und lesen Sie die Sätze vor.

6 Wo warst du?

1. (sein) Wo .... du? Ich .... in der Stadt. 2. (wollen) Was .... du?
Ich .... noch etwas einkaufen. 3. (haben) .... du denn Zeit? Nein, ich
.... leider nicht genug Zeit. 4. (können) .... du denn nicht später zurückfahren? Nein, ich .... nicht länger bleiben. 5. (sollen) Wann .... du denn
hier sein? Ich .... schon vor einer Stunde zurückkommen. 6. (müssen) ....
du denn heute in die Stadt? Ja, ich .... das noch heute erledigen.

7 Wiederholen Sie die Übung. Beginnen Sie: Wo wart ihr denn?

8 Bitte ergänzen Sie die Verben:

Früher, das .... sicher, ... alles ganz anders. Wenn früher der Abend ...., wenn es
dunkel ...., wenn man seine Arbeit hinter sich .... und nach Hause ...., ... man da
nicht ein freier Mensch? Was .... man früher nicht alles am Feierabend ....?
Man .... ins Kino, man .... Freunde oder .... irgendwo herum. Oder man .... zu
Hause in Ruhe ...., Karten .... oder .... Ich will nur sagen, früher
.... man so zwischen sieben und zehn Uhr abends glücklich dran. Man .... wie ein
Kind, das spielen gehen ....

9 Bitte ergänzen Sie die Verben (Perfekt):

1 (machen)	Was .... du ....? Ich .... nichts ....
2 (sagen)	Was .... du ....? Ich .... nichts ....
3 (fragen)	Was .... du ....? Ich .... nichts ....
4 (antworten)	Was .... du ....? Ich .... nichts ....
5 (lernen)	Was .... du ....? Ich .... nichts ....
6 (studieren)	Was .... du ....? Ich .... nichts ....
7 (denken)	Was .... du ....? Ich .... nichts ....
8 (wollen)	Was .... du ....? Ich .... nichts ....

10 Wiederholen Sie die Übung. Beginnen Sie: Was habt ihr gemacht?

11 Bitte ergänzen Sie die Verben (Perfekt):

1. Kommst du mit in die Stadt? – Ich .... schon in der Stadt .... und .... gerade
zurück .... 2. Willst du nicht mit ins Kino gehen? – Ich .... erst gestern im Kino
.... 3. Was für einen Film .... du denn ....? – Einen Western. 4. Willst du
nicht mit uns essen? – Ich .... leider schon .... 5. Wo .... du denn ....? –
Im Restaurant. 6. Vielleicht kannst du Maria anrufen. – Ich .... sie schon ....
7. Was .... sie ....? – Sie sagt, sie kann leider auch nicht kommen, denn
sie .... Besuch ....

Wo darf ich servieren?
Zweimal Fensterplatz, bitte!
Im Speisewagen
essen Sie ganz vorzüglich.
Delikate Salate,
pikante Vorspeisen,
ausgewählte Menüs.
Herbe Weine, kühles Bier.
Während Sie genießen,
plaudern, rauchen,
werfen Sie ab und zu
einen Blick nach draußen –
durch große Panorama-Scheiben
in die Weite Deutschlands.
Während Sie sich entspannen
und Zeit nehmen zum Denken,
fährt INTERCITY
Hunderte von Kilometern.
Bäume – Berge – Bäche –
Wiesen – Wälder – Wege –
Städte – Straßen.
Die Landschaft
fliegt nur so dahin.
Sie fahren Ihrem Ziel entgegen.
Sie steigen aus.
Sind fit.

3 *Reise mit der Deutschen Bundesbahn*

Fahrtkosten:			einfach	hin und zurück
Hamburg—Freiburg (814 km)	1. Klasse	DM 140,–	DM 252,–
	2. Klasse	DM 87,–	DM 157,–

Zuschlag für alle Intercity- und TEE (Trans-Europ-Express)-Züge pro Fahrt DM 10,–

20

5 Hamburg/Bremen - Hannover - Frankfurt - Mannheim - Basel und Stuttgart - Ulm

	103 Ⓐ	163 Ⓐ	171 Ⓒ	111	173 Ⓒ	113	183 Ⓒ	7	165	91	75	185 Ⓒ	175	115 Ⓐ	97	73	117 Ⓐ	187 Ⓒ	177	11
Hamburg-Altona ab	···	···	···	···	···	···	···	···	···	7.24	···	···	9.32	···	···	11.27	···	···	13.30	···
Hamburg Dammtor	···	···	···	···	···	···	···	···	···	7.31	···	···	9.39	···	···	11.34	···	···	13.37	···
Hamburg Hbf	···	···	···	···	···	6.00	···	···	···	7.40	···	···	9.45	···	···	11.40	···	···	13.45	···
Hamburg-Harburg	···	···	···	···	···	6.12	···	···	···	···	···	···	···	···	···	···	···	···	···	···
Bremen an ↓	···	···	···	6.03	6.58	···	7.25	···	9.06	8.14	10.11	···	···	13.02	13.05	···	14.11	15.07	15.10	···
Hannover an	···	···	···	···	···	7.25	···	···	9.06	9.11	11.08	11.12	···	13.02	13.05	···	15.07	15.10	···	···
Hannover ab	···	···	···	7.00	···	7.27	···	···	9.16	9.11	11.18	11.14	···	13.12	13.07	···	15.17	15.12	···	···
Göttingen	···	···	···	7.56	···	8.21	···	···	10.10	10.07	11.08	12.10	···	14.07	14.04	···	16.11	16.08	···	···
Fulda ↓	···	···	···	9.22	···	an	···	···	11.33	an	11.33	13.37	···	an	15.31	···	16.30	17.36	18.34	···
Frankfurt (M) an	6.56	···	8.55	···	10.26	···	12.29	12.37	···	···	14.42	···	···	16.37	···	···	···	18.41	···	···
Frankfurt (M) ab	7.41	···	9.41	···	11.11	···	13.14	13.26	···	···	15.22	···	···	17.22	···	···	···	19.26	···	···
Mannheim ab	7.49	7.46	9.49	9.46	11.19	11.16	13.22	13.27	···	13.30	···	15.34	15.31	···	17.29	17.27	···	···	19.35	19.32
Heidelberg an	···	7.57	···	9.56	···	11.26	···	13.37	···	···	···	15.41	···	···	17.37	···	···	···	19.43	···
Stuttgart an	···	9.08	···	11.06	···	12.36	···	14.48	···	···	···	16.51	···	···	18.48	···	···	···	20.54	···
Ulm an	···	10.08	···	12.09	···	13.39	···	15.48	···	···	···	17.54	···	···	19.51	···	···	···	21.57	···
Karlsruhe ab	8.19	···	10.19	···	11.48	···	13.52	···	···	14.00	···	16.03	···	···	17.59	···	···	20.05	···	···
Baden-Oos	8.52	···	···	···	12.03	···	···	···	···	···	···	16.18	···	···	18.15	···	···	···	···	···
Offenburg ↓	···	···	10.53	···	···	···	14.32	···	···	···	···	···	···	···	···	···	···	···	···	···
Freiburg	9.20	···	11.22	···	12.49	···	14.52	15.00	···	···	···	17.04	···	···	19.01	···	···	20.38	21.07	···
Basel Bad	9.55	···	12.00	···	13.25	···	15.29	15.36	···	···	···	17.40	···	···	19.37	···	···	21.43	···	···
Basel SBB an	10.01	···	12.07	···	13.31	···	15.36	15.43	···	···	···	17.46	···	···	19.43	···	···	21.52	···	···

Ⓐ Mo bis Fr, nicht 11. VI.
Ⓒ Mo bis Sa, nicht 11. VI.

🚅 11 **Rembrandt** von Amsterdam ab 14.05 nach München

🚅 7 **Rheingold** von Amsterdam ab 7.49 nach Genève an 18.49 🚅 nach Chur an 19.06 🚅 nach Milano an 22.00 - OEZ -

🚅 73 **Helvetia** nach Zürich an 20.55
🚅 75 **Roland** nach Milano an 22.00 - OEZ - 🚅 Bremen—Chur (an 19.06)

🚅 91 **Blauer Enzian** nach Klagenfurt an 20.35
🚅 97 **Prinz Eugen** nach Wien an 23.00

Bitte lesen Sie den Fahrplan:

Wann fährt der Zug in Hamburg (Bremen, Hannover, Frankfurt usw.) ab?
Wann kommt der Zug in Bremen (Hannover, Göttingen, Basel usw.) an?

Zur Vermeidung v. Rückfragen bitte vollständig u. deutlich ausfüllen!

Meldeschein

HOTEL ZUR POST
München 2, Heßstraße 82

Zimmer-Nr. ....

Ankunft am	Abreise am

Name des Gastes name - nom	Vorname chr. name - prenom

Geburtsdatum date of birth date de naissance	Geburtsort place of birth lieu de naissance	Land/Staat (bei Inländern Bundesland) State — pays	Staatsangehörigkeit nationality nationalité

Wohnort residence domicile	Straße, Nr. No., street No. rue	Land/Staat (bei Inländern Bundesland) State — pays

Begleitet von accompanied by / accompagné de Ehefrau - wite - épouse Vorname - chr. name - prenom	Kindern - children / enfants Zahl - number / nombre	Reisegesellschaft: Zahl d. Teilnehmer Tourist-group-number Voyage collectiv-nombre	Unterschrift des Gastes Signature

Die Bundesrepublik Deutschland (BRD) Anfang der siebziger Jahre

Fläche: 248 586 qkm

Einwohner: 62 Millionen

   davon Ausländer: 4 Millionen

Bevölkerungsdichte: 248 pro qkm

Männer: 30 Millionen, Frauen: 32 Millionen

Konfessionen: evangelisch 50,5 %, katholisch 44,1 %

Angrenzende Staaten: Dänemark, die Deutsche Demokratische Republik (DDR), die Tschechoslowakei, Österreich, die Schweiz, Frankreich, Luxemburg, Belgien, die Niederlande

Bundeskanzler Willy Brandt und Ministerpräsident Willi Stoph
bei ihrem Treffen in Kassel am 21. 5. 1970

Aus dem Lexikon, Stichwort Deutschland:

Geschichtlich das geschlossene Sprach- und Siedlungsgebiet der Deutschen in Mitteleuropa innerhalb wechselnder Staatsgrenzen.

Beispiel:

Unterwegs im Ausland, auf Reisen also, kann es einem so ergehen, an der Hotelrezeption zum Beispiel: Man hat sein Zimmer bekommen, seinen Schlüssel. Man füllt das Anmeldeformular aus: Name, Vorname, Geburtstag, Geburtsort, Tag der Einreise. Dann kommt die Frage: Nationalität? Man trägt das Wort deutsch ein oder Deutschland. Aber indem man das tut, merkt man, daß diese Auskunft ungenau ist. Ist hier wirklich die Nationalität, ist nicht eigentlich die Staatsangehörigkeit gefragt? Aus Frankfurt am Main müßte man schreiben: Bundesrepublik Deutschland; aus Frankfurt an der Oder Deutsche Demokratische Republik. Und ein Berliner? Was soll er schreiben?

Die Frage hat Aktualität, seitdem Verträge zwischen beiden deutschen Staaten geschlossen werden. Horst Krüger

23

4 Auf Zimmersuche

Pedro hat sich an der Universität für das neue Semester eingeschrieben und sucht ein Zimmer. Zunächst geht er zur Zimmervermittlung.

Pedro: Guten Tag! Ich suche ein Zimmer. Ich bin Ausländer und will hier studieren.

Angestellter: Haben Sie schon die Zulassung zum Studium?

Pedro: Ich bin immatrikuliert, hier ist mein Studentenausweis.

Angestellter: Wo wohnen Sie zur Zeit?

Pedro: In einer Pension in der Nähe des Bahnhofs. Aber da will ich natürlich nicht bleiben. Haben Sie ein Zimmer in einem Studentenheim?

Angestellter: Die Studentenheime sind leider belegt.
Wir können Sie höchstens vormerken, für nächstes Jahr.

Pedro: Was soll ich dann jetzt tun?

Angestellter: Sie können es bei einem Makler versuchen oder in einer Zeitung inserieren. Besser ist, Sie hören sich bei Ihren Freunden um und gehen selbst auf Zimmersuche.

Pedro: Mit wieviel Miete muß man rechnen?

Angestellter: Unter 100 Mark bekommen Sie wohl kaum etwas. Rechnen Sie lieber mit 150.

Pedro: Vielen Dank. Auf Wiedersehn!

**Pedro versucht es zuerst
mit einer Kleinanzeige in der Zeitung.**

P: Ich möchte ein Inserat aufgeben.
A: Und wie soll der Text lauten?
P: Ausländischer Student sucht möbliertes
   Zimmer in der Nähe der Universität.
A: Das sind 2 Zeilen, das macht 18 Mark.
P: Wann erscheint die Anzeige?
A: Frühestens übermorgen. Sie können die ein-
   gegangenen Angebote dann hier abholen.

Dann geht Pedro zu einem Makler.

P: Tag! Ich suche ein Zimmer nahe der Uni.
A: Wir haben ein sehr schönes Appartement,
   24 qm, mit Kochnische,
   Bad, Lift und Telefon.
P: Und wie hoch ist die Miete?
A: 350 Mark im Monat. Dazu kommen die
   Kaution und die übliche Provision.
P: Das ist leider viel zu teuer für mich.

Schließlich geht er selbst auf Zimmersuche.

P: Guten Tag! Ich habe Ihre Annonce gelesen.
   Ist das Zimmer noch frei?
V: Kommen Sie doch bitte herein
   und schauen Sie sich das Zimmer an.
P: Wie teuer ist das Zimmer?
V: 150 Mark, Strom und Heizung gehen extra.
   Sind Sie Student?
P: Ich komme aus Brasilien und studiere hier.
V: So, Sie sind Ausländer. Wissen Sie,
   ich persönlich habe nichts gegen Ausländer.
P: Gut, dann nehme ich das Zimmer.

25

Ergänzen Sie die Dialoge mit Hilfe der angegebenen Wörter und Ausdrücke:

Das Inserat

P: Ich möchte ein(e) .... aufgeben.	*Inserat/Anzeige/Annonce*
A: Wie soll der Text ....?	*lauten/heißen*
P: Ausländischer Student sucht	*möbliert/ruhig/billig*
.... in der Nähe der Universität.	*Zimmer/Wohnung*
A: 2 Zeilen, das .... 18 Mark.	*macht/kostet/sind*
P: Und wann erscheint ....?	*Anzeige/Inserat*
A: Frühestens .... Sie können	*morgen/übermorgen/usw.*
dann die eingegangenen	*Angebote/Briefe*
hier abholen.	
P: Danke, auf Wiedersehn!	

Im Mietbüro

P: Ich suche ein Zimmer in der Nähe	*Universität/Klinik/*
....	*U-Bahn/Bahnhof*
A: Wir haben ein sehr	*schön/ruhig/preiswert*
Appartement, 24 qm, mit	*Küche/Bad/Telefon*
P: Und wie .... ist die Miete?	*hoch/teuer*
A: .... Mark im Monat. Dazu kommt die	*–/–*
übliche	*Kaution/Provision/Gebühr*
P: Das ist viel .... für mich.	*zu teuer/zuviel*
A: Wir haben leider kein .... Angebot.	*billig/besser/anders*
P: Schade. Auf Wiedersehn!	

Die Vermieterin

P: Guten Tag! Ich habe Ihre Annonce	
.... Ist das .... noch frei?	*gelesen/gesehen; Zimmer/Appartement*
V: Ja, ... Sie bitte .... und	*hereinkommen/eintreten*
.... Sie sich das Zimmer	*anschauen/ansehen*
P: Und (wie) .... das Zimmer?	*teuer ist/wieviel kostet*
V: .... Mark im voraus. .... extra.	*–/–; Strom/Gas/Heizung*
Sind Sie ....?	*Student/berufstätig*
P: Ja, ich bin .... aus	*Student/Studentin; –/–*
V: An .... möchte ich nicht	*Studenten/Damen/Ausländer*
vermieten.	
P: Dann entschuldigen Sie. Guten Tag.	

1 Was bist du und was hast du?

Bist du Student?   Hast du Zeit?
          Deutscher?   Arbeit?
          Ausländer?   Telefon?
          Amerikaner?   Geld?
          Stipendiat?   frei?

2

Er ist Student.	Bist du auch Student?
Er hat ein Zimmer.	Hast du auch ein Zimmer?
Er ist Ausländer.	....
Er hat ein Stipendium.	....
Er ist an der Uni.	....
Er hat die Zulassung.	....
Er ist Kollege.	....

3 Bitte antworten Sie:

Liegt das Zimmer bei der Uni?	Ja, in der Nähe der Uni.
Liegt es am Bahnhof?	Ja, in der Nähe des Bahnhofs.
an der Post?	Ja, ...
an der U-Bahn?	Ja, ...
in der Stadtmitte?	Ja, ...
beim Hotel?	Ja, ...
beim Krankenhaus?	Ja, ...

4 Wann wird das Zimmer frei?

Am Montag	Also am Anfang der Woche.
Am 31.	Also am Ende des Monats.
Am Ersten	Also am ....
Im Januar	Also am ....
Am Semesteranfang	Also am ....
Am Semesterende	Also am ....
Bei Ferienbeginn	Also am ....

5 Wieviel darf das Zimmer kosten?

100 Mark?	Höchstens 100.
110 Mark?	.... 110. usw.

6 Wieviel kostet denn das Zimmer?

100 Mark?	Mindestens 100. usw.

Strom kann alles.

Strom kann alles: Suppen kochen, Hosen bügeln, Hemden waschen, Bier kühlen, Milch wärmen, Haare schneiden, Staub saugen, Rasen mähen, Löcher bohren, Beton mischen, Lasten heben, Kühe melken, Zähne putzen. Was noch? Ohne Strom gäb's kein Fernsehen, kein Radio, kein Tonbandgerät, keinen Plattenspieler. Ja nicht einmal eine Zeitung, denn auch gedruckt wird nicht ohne Strom. Strom bringt Leben in die Wirtschaft, den Haushalt, den Handel, den Verkehr. Mit Strom wird der Verkehr geregelt, wird operiert, plombiert und onduliert.

Strom treibt Motoren, Kaffeemühlen und Eisenbahnen. Ohne Strom hätten wir keine Massenproduktion: keine Textil-, Kunststoff-, Zigaretten- und Autoindustrie. Elektrische Computer sind die Gehirne der Betriebe, Behörden und Versicherungen. Mit Strom arbeiten die Geldschrankknacker und auch die Polizei. Strom verbindet alle mit allen über Fernsprecher und Fernschreiber.

Strom ist überall, in jeder Stadt, in jedem Haus, in jedem Raum. Jeder kann diese Energie nutzen. Er braucht dazu nicht mehr als einen Schalter oder eine Steckdose, und ein- und ausschalten muß er natürlich können.

Fragen zum Text:

Was kann man mit Strom alles machen?
Was wird mit Strom geregelt, betrieben, produziert?
Was würde es ohne Strom nicht geben?

Aufgaben:

Bilden Sie Reihen wie: *waschen – Wäsche waschen – Waschmaschine.*
Nennen Sie Geräte, die mit Strom arbeiten.

28

7 Ergänzen Sie die Verben:

1. Strom kann alles: Suppen ...., Hosen ...., Hemden ...., Bier ...., Milch .... 2. Strom kann Haare ...., Staub ...., Rasen .... 3. Mit Strom kann man Löcher ...., Beton ...., Lasten .... 4. Mit Strom kann man auch Kühe ...., Zähne ...., Brot .... 5. Strom .... Motoren, Kaffeemühlen und Eisenbahnen.

8 Werden oder wird?

1. Mit Strom .... der Verkehr geregelt, ... Kranke operiert und .... Zähne plombiert. 2. Auch Zeitungen .... mit Strom gedruckt. 3. Hosen .... gebügelt, Hemden .... gewaschen. 4. Bier .... gekühlt, der Rasen .... gemäht, und Löcher .... gebohrt. 5. Motoren .... von Strom angetrieben. 6. Licht .... ein- und ausgeschaltet. 7. Maschinen und Geräte .... von elektrischer Energie angetrieben.

9 Was kann sie (er) alles? Bilden Sie Sätze nach dem Beispiel:

Suppen kochen   Sie kann Suppen kochen.
                     Er kann auch Suppen kochen.

Suppen kochen, Hosen bügeln, Hemden waschen, Kaffee kochen, Milch wärmen, Staub saugen, Kühe melken, Geschirr spülen, Auto fahren, Brot schneiden, Rasen mähen, Löcher bohren, Beton mischen, saubermachen, Briefe schreiben

10 Ergänzen Sie die Modalverben (Präteritum):

1. Sie will die Wäsche waschen. – Sie .... die Wäsche waschen. 2. Ich muß noch saubermachen. – Ich .... noch saubermachen. 3. Sie will ein Auto kaufen. – Sie .... ein Auto kaufen. 4. Er kann hier studieren. – Er .... hier studieren. 5. Das sollst du nicht machen. – Das .... du nicht machen. 6. Wir müssen lange warten. – Wir .... lange warten. 7. Man darf dort nicht rauchen. – Man .... dort nicht rauchen. 8. Kannst du mitfahren? – .... du mitfahren? 9. Wir müssen noch die Formulare ausfüllen. – Wir .... noch die Formulare ausfüllen. 10. Sie dürfen nicht einreisen. – Sie .... nicht einreisen.

11 Wiederholen Sie die Übung im Perfekt. Beginnen Sie:

Sie hat die Wäsche waschen wollen.

5 Die Miete

Pedro: Entschuldigen Sie, Frau Meier! Kann ich jetzt meine Miete bezahlen?

Frau Meier: Ach so, heute ist ja der Erste.

                Sagen Sie, können Sie die Miete nicht überweisen?

Pedro: Ich habe leider noch kein Konto.

Frau Meier: Das macht nichts. Sie können das Geld auch selbst auf der Bank einzahlen.

Pedro: Und auf welcher Bank?

Frau Meier: Hier auf der Sparkasse. Warten Sie, ich gebe Ihnen meine Kontonummer.

Pedro: Gut, dann zahle ich das Geld morgen ein.

Frau Meier: Sie können natürlich auch selbst ein Konto eröffnen, wenn Sie wollen.

Pedro: Was muß man da machen?

Frau Meier: Sie brauchen nur Ihren Paß mitzunehmen.

Pedro: Ich will's mir überlegen.

Frau Meier: Sie könnten dann einen Dauerauftrag erteilen für die Miete.

                Wissen Sie, auf der Bank ist das Geld doch sicherer.

                Man liest so viel in den Zeitungen, von Einbrüchen und so ...

Pedro überweist seine Miete.

A: Sie wünschen bitte?
P: Kann ich hier meine Miete einzahlen?
A: Auf welches Konto?
P: Auf das Konto 6–39 35 06.
A: Wieviel müssen Sie überweisen?
P: 180 Mark, 150 für Miete und 30 für
   Heizung.
A: Haben Sie bei uns selbst ein Konto?
P: Nein, noch nicht.
A: Sie müssen hier unterschreiben.
   Zahlen Sie bitte an der Kasse ein.

Pedro will ein Konto eröffnen.

P: Ich möchte ein Konto eröffnen.
A: Wollen Sie ein Spar- oder ein Girokonto?
P: Ich weiß nicht. Was ist besser?
A: Wenn Sie sparen wollen, natürlich
   ein Sparkonto. Das bringt höhere Zinsen.
P: Kann man von diesem Konto überweisen?
A: Wenn Sie überweisen oder mit Schecks
   zahlen wollen, brauchen Sie ein Girokonto.
P: Kann man dann auch Daueraufträge ertei-
   len?
A: Ja, das können Sie.

Pedro wechselt Geld.

P: Kann ich hier Dollars umtauschen?
A: Wieviel möchten Sie wechseln?
P: 22 Dollar.
A: Und wie wollen Sie's gewechselt haben?
   In D-Mark oder in eine andere Währung?
P: In D-Mark bitte.
A: Hier ist Ihre Quittung.
P: Kann ich hier auch Reiseschecks einlösen?
A: Ja natürlich, am Schalter nebenan.

Ergänzen Sie die Dialoge mit Hilfe der angegebenen Wörter und Ausdrücke:

Pedro überweist seine Miete.

A: Was .... Sie bitte?	*wünschen / möchten*
P: Kann ich hier meine .... bezahlen?	*Miete / Rechnung*
A: .... bitte?	*auf welches Konto / für wen*
P: Auf das Konto Nr.	*– / –*
A: Und wieviel wollen Sie ....?	*einzahlen / überweisen*
P:	*– / –*
A: Haben Sie bei uns ein ....?	*Sparkonto / Girokonto*
P: .... noch nicht.	*nein / bis jetzt*
A: Sie müssen hier unterschreiben.	
Einzahlen an ...., bitte.	*Kasse / Schalter 3*

Pedro will ein Konto eröffnen.

P: Ich .... ein Konto eröffnen.	*will / möchte*
A: Was möchten Sie?	
Wollen Sie ein .... oder ein	*Sparkonto / Girokonto*
....................?	
P: Ich weiß nicht. Was ist ....?	*besser / günstiger*
A: Wenn Sie .... wollen, natürlich	*sparen / überweisen*
ein	*– / –*
Das bringt .... Zinsen.	*höhere / weniger*

Pedro wechselt Geld.

P: Kann ich hier Geld ....?	*umtauschen / wechseln*
A: Wieviel .... Sie wechseln?	*möchten / wollen*
P:	*– / –*
A: Und wie wollen Sie's .... haben?	*wechseln / umtauschen*
In D-Mark oder ....?	*– / –*
P: In .... bitte.	*– / –*
A: Das sind ...., bitte sehr!	*– / –*
P: Kann ich hier auch Reiseschecks	
..........?	*wechseln / einlösen*
A: Ja, ...,	*natürlich / selbstverständlich*
gehen Sie zum Schalter	*nebenan / gegenüber*

1 Der Freund fragt:

Willst du mitkommen?	Ja, das will ich.
Mußt du noch arbeiten?	Ja,.............
Kannst du mir helfen?	Ja,.............
Brauchst du noch Geld?	Ja,.............
Möchtest du selbst fahren?	Ja,.............
Sollst du hier bleiben?	Ja,.............

2 Bitte ergänzen Sie:

Sie brauchen den Paß.	Ich brauche meinen Paß.
den Ausweis.	meinen Ausweis.
die Papiere.	meine Papiere.
das Sparbuch.	mein Sparbuch.
die Schlüssel.	meine Schlüssel.

3 Wiederholen Sie die Übung. Beginnen Sie:

Sie brauchen nur noch den Paß.	Ich brauche nur noch meinen Paß.

4 Bitte antworten Sie:

Brauche ich den Paß?	Ja, den brauchst du.
Brauche ich meinen Ausweis?	Ja,.................
Brauche ich mein Sparbuch?	Ja,.................
Brauche ich meine Papiere?	Ja,.................
Brauche ich die Schlüssel?	Ja,.................

5

Muß ich das machen?	Nein, das brauchst du nicht zu machen.
Muß ich das tun?	Nein,....................................
Muß ich das lernen?	Nein,....................................
Muß ich das lesen?	Nein,....................................
Muß ich das unterschreiben?	Nein,....................................

6 Bitte antworten Sie:

Muß ich das selbst machen?	Du kannst das auch machen lassen.
Muß ich das selbst abholen?	....
Muß ich das selbst einzahlen?	....
Muß ich das selbst abgeben?	....
Muß ich dort selbst anrufen?	....

7 Wiederholen Sie die Übung und beginnen Sie:

Muß ich das machen?	Ja, das mußt du machen.

Nervöser Bankräuber schnell gefaßt

(dpa) Zum zweiten Mal wurde auf eine Bank in der Dortmunder Innenstadt ein bewaffneter Raubüberfall verübt. Der Räuber, der 32 000 Mark erbeutete, floh nach dem Überfall auf die Straße und zwang den Fahrer eines Personenwagens mit vorgehaltener Pistole, ihn mitzunehmen. Ein Polizist verfolgte das Auto und stellte den Täter, der sich sofort ergab. Wie die Polizei berichtet, hat sich der etwa 50jährige Räuber bei dem Überfall so aufgeregt, daß er einen Schock erlitt. Man mußte ihn daher zunächst in ein Krankenhaus einliefern und ärztlich behandeln. Möglicherweise ist er einer der beiden Täter, die schon einmal die Bank überfallen haben.

Überfall auf Geldtransport

(AZ) Fast eine Viertelmillion Mark erbeuteten vier maskierte und bewaffnete Gangster bei einem Überfall auf die Frankfurter Sparkasse. Das spielte sich in wenigen Sekunden ab: ein roter Fiat parkte neben dem VW-Bus der Bank, der gerade beladen wurde. Als der Geldtransport anfuhr, schnitt ihm das Räuberauto den Weg ab. Die Gangster drohten mit Maschinenpistolen: „Raus, aber schnell!" Dann nahmen sie die Geldtaschen mit 240 000 Mark und fuhren davon. Das Fahrzeug wurde später in der Nähe des Flughafens aufgefunden. Von den Tätern fehlt jede Spur.

Ein Fehlgriff

Nach der falschen Tasche griffen drei Banditen, die in Wien einen Geldtransport überfielen. Mit vorgehaltener Pistole stoppten sie den Wagen. Doch dann erlagen sie einem Irrtum: sie nahmen die Tasche mit dem Essenspaket des Fahrers mit. Eine andere Tasche mit über 300 000 Schilling ließen sie stehen.

Fragen zum Text:

Wo wurden Banküberfälle verübt?
Wieviel erbeuteten die Bankräuber?
Welcher der Täter konnte festgenommen werden?
Was geschah mit ihm nach dem Überfall?
Warum war der Überfall in Wien ein „Fehlgriff"?

Aufgabe:

Beschreiben Sie als Augenzeuge die drei Überfälle.

8 Was haben Sie gesehen?

1. Ein Auto	Welches?	.... Auto, ... vor der Bank stand.
2. Einen Mann	........?	.... Mann, ... aus der Bank herauskam.
3. Eine Frau	........?	.... Frau, ... Handtasche gestohlen wurde.
4. Einen Wagen	........?	.... Wagen, mit .... sie geflohen sind.
5. Eine Tasche	........?	.... Tasche, in .... das Geld war.
6. Noch eine Tasche	........?	...., nach .... der Dieb gegriffen hat.
7. Ein Fahrzeug	........?	.... Fahrzeug, ... später gefunden wurde.
8. Einen Bus	........?	.... Bus, ... gegenüber geparkt hatte.
9. Zwei Gangster	........?	.... Gangster, ... in die Bank einbrachen.
10. Einen Polizisten	........?	.... Polizisten, ... sie festgenommen hat.
11. Leute	........?	.... Leute, ... neugierig herumstanden.
12. Sanitäter	........?	...., ... mit dem Krankenwagen kamen.

9 Bitte ergänzen Sie:

1. Zum zweitenmal wurde eine Bank, ... im Zentrum der Stadt liegt, überfallen. 2. Der Räuber, ... einen Nervenschock erlitt und .... Beute 32000 Mark betrug, konnte kurze Zeit später festgenommen werden. 3. Möglicherweise ist er einer der Täter, ... schon einmal die Bank überfallen haben. 4. Nach dem Überfall floh der Mann, ... 32000 Mark erbeutet hatte, und zwang einen Fahrer, ... Wagen an der Ampel hielt, ihn mitzunehmen. 5. Ein Polizist, ... sofort die Verfolgung aufnahm, stellte den Täter, ... sich ergab. 6. Nach der falschen Tasche griffen dagegen drei Banditen, ... in Wien einen Geldtransport überfielen. 7. Sie stoppten den Wagen, ... auf dem Weg zur Bank war. 8. Doch dann nahmen sie die Tasche, ... nur das Essen für den Fahrer enthielt, und ließen die Tasche stehen, in .... sich 300000 Schilling befanden.

10 Bilden Sie Sätze nach folgendem Beispiel:

a) ein 50jähriger Mann	Der Mann war 50 Jahre alt.
	Der Mann, der 50 Jahre alt war.
b) erbeutetes Geld	Das Geld wurde erbeutet.
	Das Geld, das erbeutet wurde.

a) 1. ein 17jähriger Sportler 2. ein bewaffneter Räuber 3. ein vor dem Haus parkender Wagen 4. ein an der Ampel haltendes Auto 5. ein maskierter Gangster 6. der den Patienten behandelnde Arzt

b) 7. das erbeutete Geld 8. der eingelieferte Kranke 9. der festgenommene Täter 10. die gestohlene Tasche 11. der Verfolgte 12. der Operierte 13. die Operierte

Zu vermieten / Zu mieten gesucht / Zimmer / Wohnungen

Umzüge preiswert und gut
mit Fachkräften.
M. HESSE Möbeltransporte
Harffstr. 59 — Telefon 78 50 46

UMZÜGE!
Auch Kleinmöbelwagen. Fachkräfte.
D. Niedecken, Florastr. 74, Tel. **34 86**

1- und 2-Zi.-Wohnungen
An der Schulstr. 17 entsteht eine großzügige Wohnanlage
Es kommen zur Vermietung:
8 1-Zimmer-Wohnungen von ca. 34 bis 40 qm
Sämtliche Appartements mit abgeschl. Kü. m. Fenster sowie Eß- od. Schlafnische,
Mietpreise ab DM 330.- + NK u. Hzg. Kaution bei allen Apps. DM 1000.-
Eine 2-Zi.-Wohnung, ca. 64 qm, Wohnzi. 28 qm, Miete DM 500.- + NK/Kt.

 DERSCH Immobilien   **Tel. 56 26 81**

Zu vermieten / Zimmer

ZIMMER · APPARTEMENTS · KLEINWOHNUNGEN · GROSSAUSWAHL
möbliert oder leer, in fast allen Stadtteilen, vermittelt korrekt und schnell: Zimmernachweis am
Hauptbahnhof, Mietbüro, Goethestr. 3, Telefon 59 46 40 oder 55 45 45

1.) Gelegenheit, Zentrum: Klein-Appartement! KN/Bad/ZH/Ww., nur 250.-
2.) Separat-Zim., eig. Eingang, Bad/ZH/Ww, nur 160.-   Tel. 34 45 40

---

2 Zim., leer od. möbl., m. Balk., Bad- u. Kü'Benutzg., evtl. Gge., sof. zu verm. Tel. v. 8-19 Uhr 193306

Do.-Zi. gegenüb. Uni, ZH, Kü.- u. Badben., 350.- inkl. Kt. 2 MM./333363

Möbl. Zi., DM 200,-/Kt., Schwabing, an Nichtr., ab 1. 3. zu verm. T. 305387 abends

Sep.-Zi. an junge, berufstätige Dame zu vermieten. Tel. 47 73 11

Möbl. Zim., Kochgel., Zentrum, Pension. Tel. 29 54 71 zw. 8-13, von 18-22 Uhr

Mod. möbl. Zimmer, Stadtmitte, ab sofort an Dame zu verm. Mte. 200.- inkl. Kü.- u. Badben. Besicht. 16-18 Uhr. Heimeranstr. 2/III

Schwabing, Leerzi., 23 qm. an berufst. Herrn ab 1. 3. 180.-. T. 37 22 10

Gut möbl. Zi., f. netten Herrn od. Studenten z. verm. Tel. 29 41 51 ab 17 U.

Möbl. Zimmer nur an berufst. Frl. (Kaut.) z. 1. 3. zu verm. T. 39 34 70

Nä. Nordbad, gutmöbl. Südzim., ZH. Ww., an berufst. Herrn, keine Küchenben., 180.- inkl. T. 37 40 58

Sehr schönes Separatzi., mod. möbl., mit Badben., nur für Herren, Mü. 82, DM 250.-/Kt. 2 MM. Tel. 42 49 87

Zum 1. 3. in Nymphenburg 1-Fam.-Haus 2 möbl. Einzelzi. zu je 200.- inkl. ZH, m. Strom, Kochgel. an berufst. Pers. zu verm. T. 17 24 90

Möbl. Zi., Schwabing, z. 1. 3. an berufstät. deut. Herrn. 200.-. T. 30 24 20

Ruh., gemütl. schön. Z., 24 qm, ZH, Ww., Badb., 220.- f. Herrn. 1. 3. an SZ 645291

Sch. möbl. Zi. m gr. Südbalkon, ZH, Badben., an sol. berufst. Frl. zum 1. 3. 180.- z. verm. T. 91 76 47

Schlafstelle frei, 95.-. Tel. 30 28 30

NUR 1 MONATSMIETE PROVISION
4-, 3-, 2-Zi.-Wohnungen, Appart., Dopp.- und Einzelzimmer, in allen Stadtteilen Münchens, auch für Ausländer.

W. F. Schmidt — Immobilien

MÖBL. APPARTEM. 250.—
KN, Dusche, Kaution 500.-, Sonnenblumenstr.
Luxusappartement, 50 qm, Kü., Bad, ZH. Ww., Terr., Dusche, DM 460.-, ohne Kaution
LEERAPPARTEMENT
m. Einbaukü., Bad, Komf., DM inkl. 400.-.

Zi. f. sol. Herrn frei, 120.-. **T. 30 65 73**

Geld für alles
zur freien Verwendung! Diskrete Bearbeitung! Keine Vorkosten! Auf Wunsch Ablösung aller laufenden Verpflichtungen! Barauszahlung! Auch für Österreicher.
ASTORIA - Finanz - Agentur
Nähe Stachus, Tel. 29 96 19
Neuhauser Straße 49

Mietgesuche

sucht

Möbl. Einzelzimmer

Bundesbahndirektion München
Wohnungsfürsorge
Tel. 1790/5170

Sprachstudentin (Franz., Engl.), s. preisw. Zi., ev. auch geg. Nachh.-Unterricht mögl., in Schwabing. Tel. 35 58 06

2-Zi.-Wohnung m. Küche + Bad, Nähe Uni gesucht. Tel. 8 11 89 78 ab Montag 15 Uhr

Student su. zum 15. 4. od. 1. 5. sep. Zim., mögl. Nähe TH. Ang. unt. A 104521 an SZ

Aus der Süddeutschen Zeitung

Abkürzungen	Ang.: Angebote	Kochgel.: Kochgelegenheit	NK: Nebenkosten
	-ben.: -benutzung	KN: Kochnische	sol.: solide
	ev.: eventuell	Kt.: Kaution	Ww: Warmwasser
36	Hzg.: Heizung	MM: Monatsmiete	ZH: Zentralheizung

Landeshauptstadt München
Amt für öffentliche Ordnung – Ausländeramt

Antrag auf Erteilung einer Aufenthaltserlaubnis

– Alle Eintragungen sind mit Schreibmaschine oder in Blockschrift zu machen –

1. **Familienname** . . . . .
   des Antragstellers

   bei Frauen: Geburtsname

   Akademische Grade . .

2. **Vornamen** . . . .
   Rufnamen bitte unterstreichen

3. **Geburtstag** . . . . . .

Tag	Monat	Jahr

4. **Geburtsort** . . . . . .   /
   (Land)

5. **Geschlecht** . . . . . .   männlich ☐1   weiblich ☐2

6. **Staatsangehörigkeit(en)**
   (bei mehreren Staatsange-
   hörigkeiten sind alle anzugeben)
   a) jetzige . . . .

   b) frühere . . . .

7. **Familienstand** . . . . .   ledig ☐3   verheiratet ☐4   seit

Tag	Monat	Jahr

   verwitwet ☐5   geschieden ☐6

8. **Ausweis – Paß**
   Genaue Bezeichnung

   Nr. _____ gültig bis _____

   ausgestellt am _____ von _____

   Rückkehrberechtigung   nach _____ bis zum _____

9. **Sichtvermerk** (Visum)   Nr. _____ ausgestellt am _____

   von _____ mit Arbeitserlaubnis bis _____

10. **Einreisetag**

Tag	Monat	Jahr

    Grenzübergangsstelle _____

11. Zweck des Aufenthalts
    in der Bundesrepublik
    Deutschland . . . . . .

Ausländische Arbeitnehmer
in der BR Deutschland
(einschl. Pendler)
jeweils Ende Juni

2 316 980
1 838 859
1 314 031
932 932
1 014 774
655 463
279 390

1960 62 64 66 68 70 1972

1,3% in % der Arbeitnehmer **10,6%**

Herkunftsländer
(Stand Juni 1972) in 1000

Türkei 497
Jugoslawien 472
Italien 422
Griechenland 270
Spanien 184
Österreich 99
Niederlande 70
Portugal 63
Frankreich 51
England 19
Marokko 14
USA 13

Iran 5
Jordanien 5
Finnland 5
Indien 5
Korea 8
Schweiz 9
Tschechoslowakei 10
Tunesien 11
Belgien 11

Sonstige 74

Auf fast das Zehnfache gestiegen ist die Zahl ausländischer Arbeitnehmer in der Bundesrepublik von 1960 bis 1972. Mehr als ein Fünftel der Gastarbeiter kommt aus der Türkei, die damit an der Spitze der Herkunftsländer liegt. Mit der geplanten Assoziierung der Türkei an die EG könnte sich dieser Anteil noch weiter vergrößern.

Der Platz auf der Einkommensleiter
Von je 100 Erwerbstätigen verdienten 1971 monatlich netto

bei den Männern		bei den Frauen
9	über 1800 DM	2
18	1200–1800 DM	5
43	800–1200 DM	16
20	600–800 DM	25
10	bis 600 DM	52

Frauen verdienen weniger. Die Mehrheit der Männer kassiert monatlich über 800 DM netto, die Mehrheit der Frauen dagegen nur bis zu 600 DM. Die Gründe dafür liegen in der von Frauen bevorzugten Teilzeitarbeit und in der häufig weniger guten Berufsausbildung, aber auch in alten Vorurteilen. Noch gilt nicht überall die Regel: Gleiche Arbeit – gleicher Lohn.

Kaufhaus in einer Fußgängerzone

Das machen die Deutschen mit ihrem Geld:

Ein Viertel jeder Mark wird durchschnittlich vom Bundesbürger für Nahrungsmittel aus-
gegeben. Nur 17 Prozent von seinem Einkommen zahlt er für Wohnung und Heizung. So
gibt nach Mitteilung des Ernährungsministeriums der Durchschnittsbürger seine schwer
verdiente Mark aus:

24 Pfennig für Nahrungsmittel;

 4 Pfennig für Kaffee, Tabak, Alkohol usw.;

 9 Pfennig für Kleidung;

13 Pfennig für die Wohnungsmiete;

 4 Pfennig für Strom, Gas und Heizung;

11 Pfennig für Verkehr, Post und Telefon;

 7 Pfennig für Bildung und Unterhaltung;

 3 Pfennig für die Körper- und Gesundheitspflege;

25 Pfennig für Hausrat, Ersparnisse und sonstige Ausgaben.

Probleme von heute

Selbst ist der Mann

Große Politik

„. . . und wohlgemerkt: keine Kinder! Wir sind ein ruhiges Haus!"

41

7 Ein Ausflug

Zwei Bekannte von Pedro, Herr und Frau Altmann, wollen einen Ausflug machen. Sie fragen Pedro:

Herr Altmann: Was haben Sie denn am Wochenende vor?
Pedro: Ich werde wahrscheinlich lesen und Briefe schreiben.
Frau Altmann: Wir wollen ins Grüne fahren, vorausgesetzt, daß das Wetter schön wird. Wollen Sie nicht mitkommen?
Pedro: Wenn Sie mich mitnehmen.
Frau Altmann: Natürlich, kommen Sie doch mit. Es wird bestimmt interessant für Sie.
Pedro: Wann werden Sie fahren?
Herr Altmann: Wir fahren am Morgen gegen 8 von hier ab, erst nach Bonn, dann in die Eifel über Bitburg direkt nach Trier.
Pedro: Und wann werden wir zurück sein?
Herr Altmann: Am Abend zwischen 9 und 10. Wir fahren die Mosel entlang, dann auf der Autobahn zurück nach Köln. Es kann auch später werden, das hängt davon ab, wie der Verkehr ist.
Pedro: Da komme ich natürlich gerne mit.

42

Wie wird das Wetter?

A: Wie wird das Wetter morgen sein?
   Was meinst du?
B: Ich glaube, es wird schön werden.
   Regnen wird es jedenfalls nicht.
A: Dann sollten wir einen Ausflug machen,
   aus der Stadt heraus, irgendwohin,
   in einen Wald, an einen See,
   oder auch auf einen Berg.
   Wirst du mitfahren?

Wie kommen wir dorthin?

A: Verzeihung, wo geht es hier
   nach Bonn?
B: Von hier nach Bonn? Da fahren Sie
   geradeaus bis zur nächsten Kreuzung,
   dort biegen Sie links ab, dann kommen Sie
   direkt zur Autobahn.
A: Und wie kommt man zum Bundestag?
B: Von der Ausfahrt Bonn zum Bundestag?
   Da fragen Sie besser noch einmal.
A: Danke schön.

Wohin setzen wir uns?

A: Wollen wir nicht Kaffee trinken?
B: Gut, gehen wir hier ins Café.
A: Wohin wollt ihr euch setzen?
   Setzen wir uns auf die Terrasse,
   oder drinnen ans Fenster
   oder in eine Ecke?
B: Da in der Ecke wird ein Tisch frei.
A: Schön, setzen wir uns an den Tisch
   dort in der Ecke.

Ergänzen Sie die Dialoge mit Hilfe der angegebenen Wörter und Ausdrücke:

Wie wird das Wetter?

A: Wie wird . . . . morgen . . . .?	*es / Wetter; sein / werden*
Was . . . . du?	*meinen / glauben / denken*
B: Ich . . . ., es . . . . schön werden.	*meinen; werden*
Es . . . . jedenfalls nicht	*werden; regnen / schneien*
A: Dann . . . . wir einen Ausflug machen.	*können / werden*
Irgendwohin, aus . . . . heraus,	*Stadt / City*
. . . . Wald, ... See,	*in; an*
oder auch . . . . Berg.	*auf*
. . . . du mitfahren?	*werden / wollen*

Wie kommen wir dorthin?

A: Verzeihung, ... hier nach	*wo geht es / wie kommt man*
. . . .?	*– / –*
B: . . . . hier . . . .? Da fahren Sie	*von; nach; – / –*
geradeaus bis . . . . nächsten	*zu; Kreuzung / Ampel*
Dort . . . . Sie . . . . links . . . . ,	*abbiegen / fahren; nach*
dann kommen Sie direkt	*zu; Autobahn / Bundesstraße*
A: Und wie kommen wir . . . .?	*zu; Bundestag / Stadtmitte*
B: . . . . Ausfahrt Bonn . . . . ?	*von; zu; – / –*
Da . . . . Sie . . . . besser noch mal.	*fragen / sich erkundigen*
A: . . . . Dank!	*vielen / besten / schönen*

Wohin setzen wir uns?

A: Wollen wir nicht . . . . trinken?	*Kaffee / Wein / ein Bier / etwas*
B: Gut, gehen wir hier	*in; Café / Gasthaus / Wirtschaft*
A: . . . . wollt ihr . . . .?	*wo / wohin; sitzen / sich setzen*
B: Setzen wir uns . . . . ,	*in / an / auf; Terrasse /*
oder drinnen . . . . ,	*Fenster /*
oder . . . .?	*Ecke*
A: Da . . . . wird etwas frei.	*in; Ecke / Mitte*
B: Gut, ... wir	*sich setzen / nehmen*
. . . . Tisch dort . . . . Ecke.	*an; in*

1 Bitte antworten Sie:

Gehst du zum Essen?	Ich komme gerade vom Essen.
.... Post?	....
.... Uni?	....
.... Bahnhof?	....
.... Arbeit?	....

2 Gehst du ins Büro? Ich war schon im Büro.
Fährst du in die Stadt? Ich war ....
Gehst du auf die Post? ....
Fährst du an den Rhein? ....
Gehst du auf die Party? ....

3 Wiederholen Sie die Übung. Beginnen Sie: Geht ihr ins Büro? usw.

4 Wohin wollen Sie sich setzen? Bitte ergänzen Sie:

Wir setzen uns in die Ecke. In der Ecke ist nichts mehr frei.
ans Fenster. ....
auf die Terrasse. ....
ins Café. ....
an diesen Tisch. ....

5 Wiederholen Sie die Übung. Beginnen Sie:

Wollen Sie in der Ecke sitzen? Schön, setzen wir uns in die Ecke.

6 Was wirst du tun? Bitte ergänzen Sie:

Ich werde studieren. Was wirst du studieren?
lernen. ....
lesen. ....
schreiben. ....
arbeiten. ....

7 Bitte antworten Sie:

Geht es schnell? Ja, es wird schnell gehen.
Kommt sie bald? ....
Bleibt er hier? ....
Dauert es noch lange? ....
Wird es sehr spät? ....

Das Auto abschaffen?

„Heute morgen wurde das Auto verboten. Papi schimpft, weil er jetzt mit der Straßenbahn in die Firma fahren muß. Mutti sagt, daß wir jetzt wieder mit dem Fahrrad in die Schule fahren werden. Das ist schön."

Was sonst noch? Massenentlassungen in der Autoindustrie, in der Reifenindustrie und in der Stahlindustrie. Als Antwort auf die Frage: „Sind Sie mit einem Verbot des Autos ab 1980 einverstanden?" würde das Volk sagen: „Nein."

Was also wird sein? Das Auto selbst wird in den nächsten zehn Jahren etwas besser werden. Es wird weniger stinken, es wird etwas komfortabler werden, und es wird, wenn wir Glück haben, etwas wirtschaftlicher sein. Alles andere wird schlechter. Es wird noch mehr Verkehrschaos und weniger freie Parkplätze geben. Und es wird teurer werden. Die Prämien für die Versicherungen und die Kosten für Reparaturen werden steigen. Und auch der Staat wird höhere Steuern fordern. Den Luxus, daß jedes Jahr ein Stück Bundesrepublik mehr asphaltiert wird, soll der Autofahrer finanzieren.

Es wird also weitergehen mit etwas mehr Sicherheit und mit noch mehr Toten auf den Straßen.

Fragen zum Text:

Was wäre, wenn man das Auto abschaffen würde? Wären Sie damit einverstanden?

Aufgaben:

Unterstreichen Sie die Verben. Welche Prädikate sind Futur?
Suchen Sie dazu Antworten auf die Frage: Was wird in 10 Jahren sein?

8 Was wird er tun? Bitte ergänzen Sie:

1. Macht er das?	Ja, er will es machen.	Er wird es also machen.
2. Tust du es?	Ja, ich .... es tun.	Du .... es also tun.
3. Schreibt er?	Ja, er .... schreiben.	Er .... also schreiben.
4. Kommt ihr mit?	Ja, wir .... mitkommen.	Ihr .... also mitkommen.
5. Fährt sie weg?	Ja, sie .... wegfahren.	Sie .... also wegfahren.
6. Hilfst du uns?	Ja, ich .... euch helfen.	Du .... uns also helfen.
7. Macht ihr mit?	Ja, wir .... mitmachen.	Ihr .... also mitmachen.
8. Versuchen sie es?	Ja, sie .... es versuchen.	Sie .... es also versuchen.
9. Bleibt ihr hier?	Ja, wir .... hier bleiben.	Ihr .... also hier bleiben.
10. Lernt sie Deutsch?	Ja, sie .... es lernen.	Sie .... es also lernen.

9 Was werdet ihr morgen machen?

1. Wir .... morgen an die Mosel fahren. 2. .... Sie mitfahren? 3. Ja, wir .... gerne mitkommen. 4. Wann fahren Sie? Wir .... um 8 Uhr abfahren und .... gegen 11 in Trier ankommen. 5. Wann .... wir zurück sein? – Zwischen neun und zehn. 6. Es kann aber auch noch später ...., wenn der Verkehr zu stark .... 7. Und was ist, wenn das Wetter schlecht ....? 8. Dann .... wir die Fahrt verschieben müssen. 9. Ich .... den Wetterbericht hören und dann anrufen. 10. Sie .... doch mitkommen. Es .... bestimmt interessant für Sie.

10 Bitte ergänzen Sie:

1. Was also .... sein? 2. Das Auto selbst .... in den nächsten zehn Jahren etwas besser .... 3. Es .... weniger stinken, es .... etwas komfortabler ...., und es ...., wenn wir Glück haben, etwas wirtschaftlicher sein. 4. Alles andere .... schlechter. 5. Es .... von Jahr zu Jahr mehr Menschen auf den Straßen sterben. 6. Es .... noch mehr Verkehrschaos und weniger freien Parkraum geben. 7. Und es .... teurer .... Die Prämien für die Versicherungen und die Kosten für Reparaturen .... steigen. 8. Und auch der Staat .... höhere Steuern fordern. 9. Den Luxus, daß jedes Jahr ein Stück Bundesrepublik mehr asphaltiert ...., soll der Autofahrer finanzieren. 10. Es .... also weitergehen mit etwas mehr Sicherheit. 11. Und es .... weiter viele Menschen auf den Straßen sterben.

8 Auf dem Postamt

Pedro: Kann ich hier das Päckchen aufgeben?
Beamter: Wohin soll es denn gehen?
Pedro: Nach Brasilien.
Beamter: Mit Luftpost oder per Schiff?
Pedro: Wieviel kostet das als Luftpost?
Beamter: Moment, das sind 240 Gramm. Das macht 2,90 Mark Grundgebühr
         und je 5 Gramm 30 Pfennig, also 48 mal 30, das sind 14,40 Mark,
         zusammen 17,30 Mark.
Pedro: Das ist zuviel. Da ist ja nur ein Buch drin.
Beamter: Dann schicken Sie's doch als Drucksache.
Pedro: Wie hoch ist da das Porto?
Beamter: 70 Pfennig Grundgebühr und je 20 Gramm 30 Pfennig.
Pedro: Und geht das genauso schnell?
Beamter: Ja. Die Sendung darf aber nicht verschlossen werden.
         Und auch keine Mitteilungen enthalten.
Pedro: Auch keinen Brief?
Beamter: Nein, Briefe müssen getrennt aufgegeben werden.
Pedro: Gut, dann will ich beides noch einmal adressieren.

Eine postlagernde Sendung

P: Bitte ist Post für mich da?
B: Wie ist Ihr Name?
P: Ich heiße Pedro Pereira Santos.
B: Und welcher ist der Familienname?
P: Pereira-Santos, das ist ein Doppelname.
B: Ja, da ist ein Brief.
Kann ich Ihren Ausweis sehen?
P: Meinen Paß? Den habe ich zu Haus.
B: Dann müssen Sie leider wiederkommen.
Ohne Paß kann ich keine Post ausgeben.

Pedro will einen Brief aufgeben.

P: Wie muß dieser Brief frankiert werden?
B: Das sind 30 Gramm, das macht 60 Pfennig.
P: Wann kommt der Brief in Bonn an?
B: Morgen, Sonnabend.
Aber er wird erst Montag ausgetragen.
P: Und wie ist es per Einschreiben?
B: Wenn Sie ihn eingeschrieben schicken,
wird der Brief lediglich registriert.
Schicken Sie ihn doch per Eilboten.
Dann wird er sofort zugestellt.

Am Paketschalter

P: Ich möchte ein Paket aufgeben.
B: Geht das ins Ausland?
P: Ja, nach Brasilien.
B: Da müssen Sie eine
Zollinhaltserklärung ausfüllen.
P: Wo kriege ich die?
B: Die können Sie hier bekommen.
P: Und wo muß ich das Paket aufgeben?
B: Auch hier. Aber das Paket muß
noch freigemacht werden.

Ergänzen Sie die Dialoge mit Hilfe der angegebenen Wörter und Ausdrücke:

Eine postlagernde Sendung

P: Bitte, ist .... für mich da?	*Post / ein Brief / Nachricht*
B: Wie ....?	*ist Ihr Name / heißen Sie*
P:	*– / –*
B: Und welcher ist der ....?	*Familienname / Vorname*
P:	*– / –*
B: Ja, da ist ein	*Brief / Einschreiben / Telegramm*
Kann ich Ihren .... sehen?	*Ausweis / Paß / Personalausweis*
P: Meinen Paß? Den habe ich	*zu Haus / nicht bei mir*
B: Dann müssen Sie leider	*wieder- / noch einmal kommen*
Ohne Paß kann ich keine Post	*ausgeben / aushändigen*

Pedro will einen Brief aufgeben.

P: Wie muß dieser Brief .... werden?	*frankieren / freimachen*
B: Das sind ...., das macht	*– / –; – / –*
P: Wann .... der Brief in ....?	*ankommen / sein; – / –*
B: Morgen, ...	*– / –*
Aber er wird erst	*– / –; austragen / zustellen*
P: Und wie ist es per ....?	*Einschreiben*
B: Wenn Sie ihn eingeschrieben ....,	*schicken / senden*
wird der Brief .... registriert.	*lediglich / nur*
Schicken Sie ihn doch per	*Express / Eilboten*
Dann wird er .... zugestellt.	*sofort / gleich*

Am Paketschalter

P: Ich möchte ein(e / en) .... aufgeben.	*Paket / Sendung / Koffer*
B: Geht das in(s) ....?	*Ausland / Inland / EG*
P: ...., nach	*Ja / Nein; – / –*
B: Da müssen Sie eine(n) .... ausfüllen.	*Zollschein / Paketkarte*
P: Wo .... ich ....?	*kriegen / bekommen; den / die*
B: ....können Sie hier	*den / die; bekommen / haben*
P: Und wo muß ich das Paket ....?	*aufgeben / abschicken*
B: Auch hier. Aber das	*Paket / Päckchen*
muß noch .... werden.	*frankieren / freimachen*

1 Bitte ergänzen Sie:

Der Brief wird geschrieben.
 adressiert
 frankiert
 registriert
 eingeworfen
 ausgetragen
 zugestellt

Die Briefe werden geschrieben.
 adressiert
 frankiert
 registriert
 eingeworfen
 ausgetragen
 zugestellt

2 Wiederholen Sie die Übung. Beginnen Sie:

Der Brief muß noch geschrieben werden.

Die Briefe müssen noch geschrieben werden.

3 Bitte ergänzen Sie:

Das Paket wurde gebracht.
 geöffnet
 aufgegeben
 versandt
 zugestellt
 zurückgeschickt

Die Pakete wurden gebracht.
 geöffnet
 aufgegeben
 versandt
 zugestellt
 zurückgeschickt

4 Wiederholen Sie die Übung. Beginnen Sie:

Ist das Paket geöffnet worden?

Ja, das Paket ist geöffnet worden.

5 Bitte antworten Sie:

Schreiben Sie den Brief?   Er wird sofort geschrieben.
Beantworten Sie das Schreiben?   Es ....
Frankieren Sie den Brief?   Er ....
Werfen Sie die Post ein?   Sie ....
Geben Sie das Telegramm auf?   Es ....
Bringen Sie den Brief zur Post?   Er ....

6 Wiederholen Sie die Übung noch einmal. Beginnen Sie:

Haben Sie den Brief schon geschrieben?   Ich lasse ihn sofort schreiben.

7 Wiederholen Sie die Übung. Beginnen Sie:

Schreiben Sie den Brief noch?   Er ist schon geschrieben.

Gehen wir in den Städten kaputt?

Menschen werden gejagt, vertrieben oder vor ihrer Haustür getötet. Die Katastrophe geschieht nicht irgendwo, sondern in den Städten, in denen wir leben: in München, Frankfurt, Berlin, Hannover oder Hamburg.

Die Katastrophe kommt nicht erst morgen, sie ist längst da. Die Städte, die wir gebaut haben, sind zum Problem geworden:
- Die Luft ist vergiftet. Es sterben Pflanzen und Tiere. Die Menschen werden krank.
- Der Lärm erzeugt Herzleiden, erhöhten Blutdruck und Magengeschwüre.
- Die Autos haben sich zu Herren über die Menschen gemacht. Sie verletzen Fußgänger, Radfahrer und Kinder oder töten sie.
- Wohnungen werden abgerissen. Statt dessen werden neue Banken, Büros und Kaufhäuser gebaut.

Wir müssen verhindern, daß die Menschen aus den Städten vertrieben werden. In Trabantenstädte, getrennt nach Armen und Reichen, Junggesellen, Alten und Kinderreichen.

Wir müssen verlangen, daß die neuen Städte menschenfreundlicher werden: mit Wohnungen, Schulen und Kindergärten, mit Geschäften und Altenheimen.

Wir wollen dort Kinos und Cafés, Theater und Biergärten und den Milchladen an der Ecke. Oder wir werden erleben, daß unsere Gesellschaft zerstört wird und unsere Städte sterben.

Fragen zum Text:

Wo gibt es eine Katastrophe?
Was geschieht mit den Menschen?
Was ist mit den Autos, was mit den Städten?
Was sollte man verhindern?
Was müssen wir verlangen?

Aufgaben:

Suchen Sie die Sätze, die im Aktiv oder im Passiv stehen! Welche Passivsätze kann man ins Aktiv und welche Aktivsätze ins Passiv transformieren?

8 Bitte ergänzen Sie: *werden – wird – wurde – worden*

1. Die Stadt .... gebaut. Städte .... gebaut. 2. Das Haus .... abgerissen. Wohnungen .... abgerissen. 3. Das Café .... gestern geschlossen. 4. Eine neue Bank ist eröffnet .... 5. Die Stadt .... zerstört. 6. Banken und Kaufhäuser .... gebaut. 7. Fußgänger und Radfahrer .... von den Autos gejagt. 8. Ein Fußgänger .... gestern getötet. 9. Mehrere Kinder sind dabei verletzt .... 10. Die Luft .... vergiftet. 11. Lärm .... erzeugt. 12. Die Menschen .... aus den Städten vertrieben. 13. Die Städte .... ruiniert. 14. Die Gesellschaft .... zerstört. 15. Die Zerstörung der Städte muß verhindert ....

9 Bitte ergänzen Sie:

1. Die Menschen .... von den Autos gejagt. 2. Sie .... aus den Städten vertrieben, und manche .... vor ihrer Haustür getötet. 3. Die Städte sind zum Problem .... 4. Die Luft .... vergiftet. 5. Herzleiden, erhöhter Blutdruck und Magengeschwüre .... durch Lärm erzeugt. 6. Fußgänger und Kinder .... von den Autos gejagt. 7. Sie .... verletzt oder getötet. 8. Die Stadt .... zerstört. 9. Wohnungen .... abgerissen. 10. Statt dessen .... neue Banken und Kaufhäuser gebaut. 11. Wir müssen verhindern, daß die alten Städte zerstört .... 12. Es muß verhindert ...., daß die Menschen aus den Städten vertrieben .... 13. Wir müssen verhindern, daß sie getrennt .... nach Armen und Reichen, Alten und Kinderreichen. 14. Wir müssen verlangen, daß die Städte menschenfreundlicher .... 15. Oder wir .... erleben, daß die Gesellschaft zerstört .... und unsere Städte ruiniert ....

10 Bitte ergänzen Sie:

1. Wir müssen verhindern, daß die Menschen aus den Städten .... werden. Es soll ...., daß man die Menschen aus den Städten vertreibt. 2. Wir müssen verlangen, daß die Städte menschenfreundlicher .... Es muß ...., daß die Städte menschenfreundlicher werden. 3. Wir müssen verhindern, daß die alten Städte .... werden. Es soll ...., daß man die alten Städte ruiniert. 4. Wir müssen fordern, daß Schulen und Kindergärten .... werden. Es muß ...., daß man Schulen und Kindergärten baut. 5. Wir müssen erreichen, daß die Städte wieder bewohnbar .... Es soll ...., daß man in den Städten wieder wohnen kann.

SPEISEKARTE

Unsere Preise sind Inklusiv-
preise – Bedienungsgeld,
Mehrwertsteuer und Getränke-
steuer sind eingeschlossen!

Suppen

Tagessuppe	1,00	Gulaschsuppe	2,00
Tomatensuppe mit Reis	1,40	Bouillon mit Ei	1,60

Tagesspezialitäten

Grillteller mit Pommes frites und Mischgemüse 7,50
Wiener Schnitzel mit Salat 8,00
Portion Schweinshaxe mit Knödel und Salat 7,50
Kalbssteak „Pariser Art", Butterreis und Zuckererbsen 10,00

Bis 21 Uhr:

Menü I Tagessuppe
Gefüllte Paprikaschote mit Püree und Tomatensauce **4,80**

Menü II Nudelsuppe
Schweinekotelett „Ungarisch", Butterreis und Salate **7,80**

½ Hähnchen mit Salat **5,50**

Belegte Brote

Käsebrot	1,80
Wurstbrot	1,80
Schinkenbrot mit gekochtem Schinken	2,80

Käse

Portion Butter	0,60
Portion Camembert m. Butter	2,50
Portion Emmentaler m. Butter	2,70
Gr. Käseplatte m. Butter u. Brot	5,00

Beilagen

Sauerkraut	1,00
Kartoffelsalat	1,20
Salzkartoffeln	0,75
Bratkartoffeln	1,40
Schwarzbrot	0,20
Brötchen	0,20

Eier- und Mehlspeisen

3 Rühreier mit Salat	3,50
3 Spiegeleier mit Salat	3,50
Spaghetti m. Schinken u. Salat	4,80

Art	Deutsche Bundespost	Verzögerungsvermerke

Telegramm

Bezeichnung der Aufgabe-TSt

aus

| Datum | Uhrzeit | Die stark umrahmten Teile sind vom Absender auszufüllen. Bitte Rückseite beachten. | Datum | Uhrzeit |

Aufgabe-Nr.   Wortzahl   Aufgabetag   Uhrzeit

Via/Leitweg   Gebührenpflichtige Dienstvermerke

=   =

| Empfangen | Name des Empfängers | Gesendet |
| Platz | Namenszeichen | Platz | Namenszeichen |

Straße, Hausnummer usw.

Empfangen von

Bestimmungsort – Bestimmungs-TSt

Leitvermerk

GUT ANGEKOMMEN BRAUCHE ZEUGNISSE IM ORIGINAL
SCHICKT UNTERLAGEN KÖLN HAUPTPOSTLAGERND
SCHWIERIGE ZIMMERSUCHE BRIEF FOLGT
GRUSS ...

W. K. 10.71 / 654321
DIN A 5, Kl. 78 m

Wortgebühren	DM	Pf	Wörter geändert	Absender (Name und Anschrift, ggf. Ortsnetzkennzahl und Fernsprechrufnummer; diese Angaben werden nicht mittelegrafiert)
Sonstige Gebühren	DM	Pf	Wörter gestrichen	
Zusammen	DM	Pf	Wörter hinzugesetzt	
Angenommen			Auf ungenügende Anschrift/ Dienstschluß hingewiesen	

+ FT 200
VI. 1 Anl. 1

Aufgaben:

Ergänzen Sie die Adresse oben!
Schreiben Sie den angekündigten Brief und begründen Sie diese Mitteilung ausführlich.

Briefanreden und Briefschlüsse:

Adressat:	Anrede:	Schluß:
An eine Firma: an eine Institution:	Sehr geehrte Herren!	Mit vorzüglicher Hochachtung! Hochachtungsvoll!
An Privatpersonen:	Sehr geehrter Herr Dr. Müller! Sehr geehrte Frau Dr. Müller!	Mit den besten Grüßen! Ihr(e)
An Bekannte und Freunde:	Lieber Herr Meier! Liebe Anna!	Mit freundlichem Gruß! Mit herzlichen Grüßen! Herzlichst! Ihr(e), Dein(e)

Vergessen Sie bitte nicht: Genaue Anschrift und Absender mit Postleitzahlen, Ort und Datum, bei offiziellen Schreiben auch Ihre Adresse oben und Ihre Unterschrift am Ende des Briefes.

BILANZ DES WACHSTUMS

MEHR MENSCHEN – HÖHERES ALTER

Einwohner pro Quadratkilometer
(Bundesgebiet einschl. West-Berlin)

92	143	162	201	247
1880	1910	1930	1950	1971

Durchschnittliche Lebenserwartung in Jahren
(bis 1932/34 Reichsgebiet – ab 1949 BRD einschl. West-Berlin)

MÄNNER / FRAUEN — Jahre

	1871/80	1901/10	1932/34	1949/51	1967/69
Männer	35,6	44,8	59,9	64,6	67,4
Frauen	38,5	48,3	62,8	68,5	73,5

Durchschnittliches Brutto-Monatseinkommen in Mark
(aus unselbständiger Arbeit, bis 1913 nur Industrie und Handwerk)

47 · 59 · 70 · 89 · 97 · 140 · 174 · 139 · 243 · 513 · 1274

1880 1890 1900 10 13 20 25 30 35 40 1950 1960 1971

Entwicklung der wöchentlichen Arbeitszeit in Stunden
(von 1914 bis 1925 nicht erfaßt)

72 · 66 · 62 · 59 · Kurzarbeit in der Weltwirtschaftskrise · 44 · 49,2 · 48,0 · 42,0 · 37,4

Die Produktivität je Arbeitsstunde stieg von 1950 bis 1971 um 264 Prozent

Stunden

1880 1890 1900 1910 1920 1930 1940 1950 1960 1971

Fragen:

Wieviel Menschen mehr leben heute auf einem Quadratkilometer im Vergleich zu 1880, 1910, 1930, 1950?
Um wieviel stieg das Monatseinkommen seit 1900, 1930, 1950?
In welchem Zeitraum stieg das Monatseinkommen um mehr als das Doppelte?
Die Arbeitszeit wird immer kürzer. Trotzdem steigen Löhne und Gehälter.
Wie läßt sich das erklären?

56

Die 9 Länder der Europäischen Gemeinschaft

Der 1. Januar 1973 wurde zu einem wichtigen Datum in Europa. Drei Länder: Dänemark, Großbritannien und Irland, schlossen sich der Europäischen Wirtschaftsgemeinschaft (EWG) an. Aus dem Europa der Sechs wurde das Europa der Neun. Dies bedeutet: die Wirtschaft wird weiter wachsen, die Zölle werden abgebaut, politische und soziale Probleme sollen gemeinsam behandelt werden. Zoll- und Währungsunion sind die nächsten Ziele, die politische Union das Fernziel. Von den 260 Millionen Menschen in der Europäischen Gemeinschaft (EG) treten bereits jetzt 70 % für die politische Union dieser Staaten ein. Die EG wird auch für die anderen ein wichtiger Partner werden: für Amerika, für die osteuropäischen Staaten und für die Länder der „dritten Welt".

10   Wenn die Arbeiter streiken

Als Pedro gerade gehen will, trifft er seine Zimmerwirtin, die die Zeitung herauf-
geholt hat und ihn fragt:

Frau Meier: Wissen Sie schon, daß die Metallarbeiter streiken wollen?
Pedro: Ich habe es in den Nachrichten gehört.
Frau Meier: Glauben Sie, daß es richtig ist, wenn die streiken?
Pedro: Das kommt darauf an.
            Wenn die Preise steigen, verlangen die Arbeiter mit Recht,
            daß sie auch mehr Lohn bekommen.
Frau Meier: Aber wenn die Löhne steigen, dann steigen doch wieder die Preise.
Pedro: Da bin ich nicht ganz Ihrer Meinung.
            Das hängt davon ab, wieviel in einem Land produziert
            und wieviel verbraucht wird.
Frau Meier: Wir alten Leute und Sparer sind aber immer die Dummen.
Pedro: Die Gefahr ist eben, daß die Armen ärmer
            und die Reichen immer noch reicher werden.

Arbeitszeit

P: Wie lange wird bei euch gearbeitet?
A: 8 Stunden pro Tag, 5 Tage in der Woche.
P: Seit wann ist das so?
A: Seitdem wir einen Tarifvertrag haben.
P: Wie lange habt ihr vorher gearbeitet?
A: Nach dem Krieg waren es 48 Stunden.
   Während der letzten 20 Jahre wurde die
   Arbeitszeit nach und nach verkürzt.

Wie war das damals?

P: Wie war das eigentlich damals 1945,
   nachdem der Krieg vorbei war?
W: Während des Krieges wurde viel zerstört.
   Als es dann vorbei war,
   hatten viele keine Wohnung,
   und Hunger hatten wir alle.
P: Und wie lange hat das gedauert?
W: Drei Jahre bis zur Währungsreform,
   als jeder 40 DM bekam.
   Seitdem wurde es nach und nach besser.

Kommst du mit?

A: Kommst du mit in die Versammlung?
P: Worum geht es denn?
A: Um die Mitbestimmung.
P: Was wollt ihr damit erreichen?
A: Für uns ist es wichtig,
   an den Entscheidungen mitzuwirken.
P: Und wir Ausländer?
   Wer vertritt unsere Interessen?
A: Ihr habt das gleiche Recht mitzureden
   wie die anderen auch.

Ergänzen Sie die Dialoge mit Hilfe der angegebenen Wörter und Ausdrücke:

Arbeitszeit

P: .... wird bei euch
gearbeitet?

wie lange/wie viele Stunden

A: 8 Stunden .... Tag,

pro/am

5 Tage .... Woche.

pro/in

P: .... ist das so?

seit wann/wie lange

A: Erst .... kurzem, ... wir eine(n)

seit; seitdem

neue(n) .... haben.

Tarifvertrag/Arbeitszeit

P: Wie lange habt ihr .... gearbeitet?

vorher/früher

A: .... Krieg waren es 48 Stunden.

vor/nach

.... letzten 20 Jahre(n) wurde die

während/in

Arbeitszeit ... . verkürzt.

nach und nach/schrittweise

Wie war das damals?

P: Wie war das eigentlich .... 1945?

damals/nach

.... der Krieg .... war?

nachdem/als; vorbei/vorüber

W: .... Krieg(es) wurde viel

während/im

zerstört. .... es dann vorbei war,

als/nachdem

hatten viele kein(e) ....,

Zimmer/Wohnung

und Hunger hatten wir alle.

P: .... hat das gedauert?

wie lange/bis wann

W: Drei Jahre .... Währungsreform,

bis zur/bis zum Tag der

.... jeder 40 D-Mark bekam.

als/damals als

..........wurde es nach und nach besser.

seitdem/von da an

Kommst du mit?

A: Kommst du mit in .... ?

Versammlung/Vollversammlung

P: .... geht es denn?

worum/um was

A: Um die ....

Mitbestimmung/Mitsprache

P: Was wollt ihr damit .... ?

erreichen/erzielen

A: Für uns ist es ....,

wichtig/notwendig

bei den Entscheidungen ....

mitwirken/mitbestimmen

P: Und die .... ?

Ausländer/Frauen/Rentner

Wer vertritt unsere (ihre) .... ?

Interessen/Ziele

A: Ihr habt (Sie haben) .... gleiche(n) ....

das/den; Recht/Anspruch

.... wie die anderen auch.

mitreden/mitsprechen

60

1 Bitte ergänzen Sie:

Seit wann?	Bis wann?	Wann?
Seit einer Stunde.	Bis zum Unterricht.	In einer Stunde.
.... Woche.	.... Pause.	.... Woche.
.... Monat.	.... Abend.	.... Monat.
.... Jahr.	.... Urlaub.	.... Jahr.
.... 14 Tagen.	.... Ferien.	.... 14 Tagen.

2 Bitte ergänzen Sie:

Wann?	Wann?	Wann?
Vor dem Unterricht.	Während des Unterrichts.	Nach dem Unterricht.
.... Arbeit.	.... Arbeit.	.... Arbeit.
.... Urlaub.	.... Urlaubs.	.... Urlaub.
.... Semester.	.... Semesters.	.... Semester.
.... Olympiade.	.... Olympiade.	.... Olympiade.
.... Krieg.	.... Krieges.	.... Krieg.
......./... Ferien.	.... Ferien.	.... Ferien.

3 Wann war das?   **Antworten Sie mit „nein"!**

War das während des Unterrichts?	Nein, nach dem Unterricht.
War das während der Arbeit?	Nein, ...
War das während des Urlaubs?	Nein, ...
War das während des Semesters?	Nein, ...
War das während der Olympiade?	Nein, ...
War das während des Krieges?	Nein, ...
War das während der Ferien?	Nein, ...

4 Wiederholen Sie die Übung. Beginnen Sie:

War das vor dem Unterricht?	Nein, während des Unterrichts.

5 Was ist dabei so wichtig?

Wir wollen mitarbeiten.	Es ist wichtig mitzuarbeiten.
Wir wollen mitwirken.	....
Wir wollen mitreden.	....
Wir wollen mitbestimmen.	....
Wir wollen mitsprechen.	....

6 Wiederholen Sie die Übung. Beginnen Sie:

Wir wollen dabei mitarbeiten.	Es ist wichtig, dabei mitzuarbeiten.

Klassengespräch

In der Deutschstunde las der Lehrer seiner Klasse diese Fabel vor:

„Sechs Ziegen hatte der Bauer schon im Lauf der Zeit verloren. Sie hatten sich losgerissen, waren in die Berge gelaufen und hatten einen ganzen Tag lang in Freiheit gelebt. Dann kam in der Nacht der Wolf und fraß sie auf. Die siebte Ziege, seine liebste, wollte der Bauer vor diesem Unglück bewahren. Er warnte und belehrte das Tier, band es tagsüber an einen Baum und sperrte es nachts in den Stall. Als er einmal vergessen hatte, das Fenster zu schließen, sprang die Ziege hinaus, lief in die Berge und freute sich über ihre Freiheit. Dann wurde es dunkel. Und wie der Bauer vorhergesagt hatte, kam der Wolf und fraß sie auf."

Wir standen nun vor der Frage, was von dieser Ziege zu halten sei. Andrea hatte wohl recht: Das Tier war dumm. Es hatte nicht begriffen, was ihm der Bauer gesagt hatte. Darum geschah der Ziege recht. Einige meinten, die Ziege hätte ruhig davonlaufen können, abends aber wieder nach Hause zurückkommen sollen. Sie waren für den Kompromiß. Thomas und Christine aber riefen: Klar, die Ziege ist dumm. Aber lieber tot, als ein Leben lang den Strick um den Hals.

Dann stimmten wir ab: Acht waren für den Strick, zehn waren für den Kompromiß, und fünf wählten den Wolf.

Und Sie? Was wählen Sie?

Fragen zum Text:

Auf welche Weise hatte der Bauer sechs Ziegen verloren?
Was hat der Bauer getan, um die siebte Ziege zu retten?
Warum hat er sie trotzdem verloren?
Was hatte die Ziege nicht begriffen?
Warum stimmten Thomas und Christine für den Wolf?
Wie beurteilt Andrea die Ziege?

Aufgaben zum Text:

Erzählen Sie die Fabel und beginnen Sie: „Es war einmal . . ."
Unterstreichen Sie die Prädikate (Verben) im Text und vergleichen Sie die Zeitformen.

7 Ergänzen Sie die Verben:

1. In der Deutschstunde .... der Lehrer diese Fabel vor: „Sechs Ziegen .... der Bauer schon verloren. 2. Sie .... sich losgerissen, ... in die Berge gelaufen und .... einen ganzen Tag lang in Freiheit gelebt. 3. Dann .... der Wolf und .... sie auf. 4. Die siebte Ziege, seine liebste, ... der Bauer vor diesem Unglück bewahren. 5. Er .... und belehrte das Tier, ... es tagsüber an einen Baum und .... es nachts in den Stall. 6. Als er einmal vergessen ...., das Fenster zu schließen, ... die Ziege hinaus, ... in die Berge und .... sich über ihre Freiheit. 7. Dann .... es dunkel. 8. Und wie der Bauer vorhergesagt ...., ... der Wolf und .... sie auf." 9. Wir .... nun vor der Frage, was von dieser Ziege zu halten sei. 10. Andrea .... wohl recht: Das Tier .... dumm. 11. Es .... nicht begriffen, was der Bauer ihm gesagt .... 12. Darum .... der Ziege recht.

8 Was war mit den Ziegen los?

1. Sechs Ziegen .... der Bauer schon .... 2. Die Ziegen rissen sich los. Nachdem sie sich ...., liefen sie in die Berge und lebten einen ganzen Tag lang in Freiheit. 3. Nachdem sie in die Berge .... und einen ganzen Tag lang in Freiheit ...., kam in der Nacht der Wolf und fraß sie auf. 4. Nachdem der Wolf die 6 Ziegen ...., wollte der Bauer die siebte Ziege vor diesem Unglück bewahren. Er warnte und belehrte sie. 5. Nachdem er das Tier .... und ...., band er es tagsüber an einen Baum und sperrte es nachts in den Stall. 6. Nachdem er die Ziege tagsüber an einen Baum .... und nachts in den Stall ...., vergaß er eines Abends, das Fenster zu schließen. 7. Als er ...., das Fenster zu schließen, sprang die Ziege hinaus, lief in die Berge und freute sich über ihre Freiheit. 8. Nachdem die Ziege hinaus .... und in die Berge .... und sich einen Tag lang über ihre Freiheit ...., wurde es dunkel. 9. Nachdem es dunkel ...., kam der Wolf und fraß sie auf. 10. Alles kam so, wie der Bauer ....

9 „als" oder „wenn":

1. .... ich hier ankam, schneite es. 2. Immer .... Schnee liegt, laufen die Leute hier Schi. 3. .... wir letzten Sonntag in den Bergen waren, habe ich es auch versucht. 4. Immer .... es mir zu schnell wurde, habe ich mich einfach hingesetzt. 5. Und .... wir dann am Abend heimfuhren, war ich ganz schön müde. 6. Aber .... das Wetter so bleibt, werde ich's noch mal versuchen.

11   Der Ferienjob

Rolf: Was hast du in den Ferien vor?
Pedro: Erst mal ausruhen.
        Dann möchte ich eine Arbeit annehmen und vielleicht auch noch verreisen.
Rolf: Was möchtest du tun:
        in einer Fabrik arbeiten, in einem Kaufhaus aushelfen, Post austragen
        oder Zeitungen verkaufen?
Pedro: Wieviel könnte ich da verdienen?
Rolf: Als Postbote über 1000 Mark im Monat,
        als Zeitungsverkäufer 30 bis 40 Mark pro Tag
        und als Aushilfe 6 bis 7 Mark pro Stunde.
Pedro: Ich hätte gern, daß ich mit den Leuten in Kontakt käme.
Rolf: Versuch's doch als Dolmetscher in einem Reisebüro.
Pedro: Wie kommt man zu so einem Job?
Rolf: Das beste wäre, du würdest zum Arbeitsamt gehen,
        oder zum Studenten-Schnelldienst. Ruf doch mal an!

Beim Studenten-Schnelldienst

A: Was möchten Sie?
P: Ich hätte gern eine Auskunft
über einen Ferienjob.
A: Was käme da für Sie in Frage?
P: Ich dachte, ich könnte vielleicht
als Dolmetscher arbeiten.
A: Wie lange wollen Sie arbeiten?
P: Vier bis sechs Wochen.
A: Dann wäre es am besten,
Sie gingen zum Arbeitsamt.

Auf dem Arbeitsamt

P: Ich hätte gern eine Ferienbeschäftigung.
B: Was machen Sie sonst?
P: Ich studiere hier.
B: Sie könnten vielleicht in einem
Reisebüro arbeiten.
P: Ja, das wäre gut.
Haben Sie eine Stelle?
B: Wir haben mehrere Angebote.
Würden Sie das bitte ausfüllen?

Reisepläne

P: Ob ich mal nach Schleswig-Holstein fahre?
A: Ich kenne einen, der im Sommer dort war.
Er sagt, es sei schön gewesen
und es habe ihm sehr gut gefallen.
Es sei zwar nicht so warm wie in Italien,
aber die frische Luft habe ihm gut getan.
P: Kann man auch baden um diese Zeit?
A: Er sagt, man könne gut baden,
man müsse sich aber erst an das kalte
Wasser gewöhnen.

5–5545/1

Ergänzen Sie die Dialoge mit Hilfe der angegebenen Wörter und Ausdrücke:

Beim Studenten-Schnelldienst

A: Was .... Sie? — *möchten / wünschen*

P: Ich .... gern eine Auskunft — *hätte / möchte*

über eine(n) .... — *Arbeit / Beschäftigung / Job*

A: Was .... da für Sie in Frage? — *kommt / käme*

P: Ich dachte, ich .... vielleicht — *könnte / sollte*

als .... arbeiten. — *Dolmetscher / Aushilfe*

A: Wie lange .... Sie arbeiten? — *wollen / möchten / können*

P: Vier bis sechs .... — *Wochen / Monate / Tage*

A: Dann .... es am besten, Sie — *ist / wäre*

.... zum Arbeitsamt .... — *gehen / gingen / würden gehen*

Auf dem Arbeitsamt

P: Ich .... eine Ferien- — *hätte gern / möchte*

beschäftigung.

B: Was .... Sie sonst? — *machen / tun / arbeiten*

P: Ich .... hier. — *studieren / arbeiten*

B: Sie .... vielleicht in einem — *könnten / sollten*

Reisebüro arbeiten.

P: Ja, das .... gut. — *ist / wäre*

.... Sie eine Stelle? — *haben / hätten*

B: Wir haben mehrere .... — *Angebote / freie Stellen*

.... Sie das bitte ausfüllen? — *würden / könnten*

Reisepläne

P: Ob ich mal nach .... fahre? — *– / –*

A: Ich kenne ...., der im Sommer — *einen / jemanden*

dort war. Er sagt, es .... schön — *wäre / sei*

gewesen und es .... ihm .... — *habe / hätte; sehr gut / gut*

gefallen. Es .... zwar nicht so — *wäre / sei*

warm wie in ...., aber die — *– / –*

frische Luft .... ihm gut getan. — *habe / hätte*

P: Kann man auch .... um diese Zeit? — *baden / schwimmen*

A: Er ...., man .... gut baden, — *sagen / meinen; könne / könnte*

.... sich aber erst an das — *müsse / müßte*

.... Wasser gewöhnen. — *kalte / kühle*

1 Bitte ergänzen Sie:

Würdest du das tun?	Ich hätte das nie getan.	Hättet ihr das getan?
.... machen?	.... gemacht.	.... gemacht?
.... können?	.... gekonnt.	.... gekonnt?
.... studieren?	.... studiert.	.... studiert?
.... nehmen?	.... genommen.	.... genommen?

2 Würdest du hingehen?

Würdest du hingehen?	Ich wäre nicht hingegangen.	Wärt ihr hingegangen?
.... mitkommen?	.... mitgekommen.	.... mitgekommen?
.... dableiben?	.... dageblieben.	.... dageblieben?
.... wegfahren?	.... weggefahren.	.... weggefahren?
.... umkehren?	.... umgekehrt.	.... umgekehrt?

3 Bitte antworten Sie:

Wollen Sie arbeiten?	Ja, ich wollte arbeiten.
Soll es gleich sein?	Ja, ...
Muß es in der Stadt sein?	Ja, ...
Können Sie sofort anfangen?	Ja, ...
Können Sie auch länger bleiben?	Ja, ...

4 Bitte antworten Sie:

Soll ich das tun?	Das beste wäre, du würdest das tun.
Soll ich mal fragen?	..............., ...
Soll ich dort anrufen?	..............., ...
Soll ich hingehen?	..............., ...
Soll ich die Arbeit annehmen?	..............., ...

5 Wiederholen Sie die Übung. Beginnen Sie: Wenn ich du wäre, würde ich das tun.

6 Bitte antworten Sie:

Ist das möglich?	Er sagt, das sei möglich.
Hat das geklappt?	Er sagt, ...
Kann das stimmen?	Er sagt, ...
Muß das so sein?	Er sagt, ...
Wird das so bleiben?	Er sagt, ...

7 Wiederholen Sie die Übung. Beginnen Sie: Sie glaubt, das wäre nicht möglich.

Der Elefant macht's möglich.

Die Zirkustiere hatten sich einen Betriebsrat gewählt. Zum Vorsitzenden wählten sie den Elefanten, weil der als weise gilt und ein dickes Fell hat, was ja auch stimmt. Dennoch kam der Elefant in eine schwierige Lage, als es darum ging, mehr Futter durchzusetzen.

Während die Radikalen meinten, er solle mal richtig draufhauen, meinten die Gemäßigten, es genüge, die Forderungen mit etwas Nachdruck vorzutragen. Der Elefant versprach zu tun, was in seinen Kräften stehe, aber zu Gewalttaten sei er nicht bereit.

Schließlich setzten sich die Radikalen durch und machten einen Löwen, der besonders gut brüllen konnte, zum Vorsitzenden. Der Löwe brüllte eine Zeitlang. Als das nichts half, forderte man ihn auf, einmal die Zähne zu zeigen. Er tat es eines Tages auch, bekam aber eine kalte Dusche. Im übrigen blieb alles beim alten.

Sein Nachfolger wurde ein Papagei, von dem man wußte, daß er mit „denen da oben" sprechen könne. Diese verstanden ihn aber immer nur dann, wenn er sagte, was ihm vorgesagt wurde. Darum ersetzte man ihn durch ein kluges Pferd, das sehr gut rechnen konnte. Seine Berechnungen gingen aber immer so aus, wie es der Chef vorgerechnet hatte.

So schenkten die Zirkustiere schließlich ihr Vertrauen doch wieder dem Elefanten, der es verstand, den Chef sein Gewicht spüren zu lassen, ohne die Sache ganz zu verderben.

Fragen zum Text:

Warum hatten die Tiere den Elefanten zum Vorsitzenden gewählt?
Wann kam er in eine schwierige Lage?
Wozu war er nicht bereit?
Warum vertrauten die Tiere schließlich doch wieder dem Elefanten?
Welche Eigenschaften werden ihm und den anderen Tieren zugesprochen?
Welche Aufgaben hat ein Betriebsrat?

Aufgaben:

Lesen Sie den Text noch einmal und unterstreichen Sie alle Verben, die im Konjunktiv stehen. Suchen Sie dann die Verben, von denen diese Sätze abhängen.

8 Setzen Sie den Text in die indirekte Rede:

1. Von einem Zirkus wird erzählt, man .... dort einen Elefanten zum Vorsitzenden gewählt, da man glaubte, daß dieses Tier besonders weise .... und ein dickes Fell .... 2. Dennoch .... der Elefant in eine schwierige Lage gekommen, als man ihn aufgefordert ...., mehr Futter durchzusetzen. 3. Die Radikalen meinten, er .... mal richtig draufhauen. 4. Die Gemäßigten meinten dagegen, es .... genug, die Forderungen mit etwas Nachdruck vorzutragen. 5. Der Elefant versprach, er .... tun, was in seinen Kräften .... 6. Zu Gewalttaten .... er aber nicht bereit. 7. Daraufhin .... man den Löwen zum Vorsitzenden gemacht. 8. Als man ihn aufgefordert ...., einmal die Zähne zu zeigen, ... er es auch getan. 9. Im übrigen .... alles beim alten geblieben. 10. Es heißt, sein Nachfolger .... ein Papagei geworden, von dem man annahm, daß er mit „denen da oben" sprechen .... 11. Er .... aber immer nur nachgesagt, was man ihm vorgesagt .... 12. Darum .... man ihn durch das Pferd ersetzt, von dem man dachte, daß es gut rechnen .... 13. Seine Berechnungen .... aber immer so ausgegangen, wie der Chef sie vorgerechnet .... 14. So .... die Zirkustiere ihr Vertrauen doch wieder dem Elefanten gegeben, da er es verstanden ...., den Chef sein Gewicht spüren zu lassen, ohne die Sache ganz zu verderben.

9 Bilden Sie Sätze nach folgendem Beispiel:

„Ich habe das nicht getan." a) Er versichert, er habe das nicht getan.
　　　　　　　　　　　　　b) Er versichert, daß er das nicht getan habe.
　　　　　　　　　　　　　c) Er versichert, das nicht getan zu haben.

1. Er gibt zu: Ich habe das getan. 2. Er behauptet: Ich kann das beweisen. 3. Er glaubt: Ich muß das machen. 4. Er versprach: Ich werde es zurückgeben. 5. Er gab an: Ich habe das nicht gewollt.

10 Bilden Sie Infinitivsätze:

1. Sie forderten ihn auf, er solle mehr Futter durchsetzen.
2. 　　　　　　　　　er solle die Zähne zeigen.
3. 　　　　　　　　　er solle einmal richtig draufhauen.
4. 　　　　　　　　　er solle die Forderungen mit Nachdruck vortragen.
5. 　　　　　　　　　er solle sich nichts vorrechnen lassen.
6. 　　　　　　　　　er solle den Chef sein Gewicht spüren lassen.

1. Es ging also darum, ...
2. 　　　　　　　　　..usw.

Sonntag, 18. März

Deutsches Fernsehen

10.15 Die Vorschau

10.45 ARD-Ratgeber: Gesundheit

11.30 Die Sendung mit der Maus

12.00 Der internationale Frühschoppen. Thema: Auf dem Weg zur nächsten Krise oder zur großen Reform?

12.45 Wochenspiegel

13.15 Magazin der Woche

14.45 Abschied mit Fünfzehn

15.15 Rebellion der Verlorenen (2) (s/w). Von Wolfgang Menge.

16.40 Schlußlicht. Glanz und Elend der Eisenbahn

17.25 Forsyte Saga (s/w). Der Prozeß

18.15 Die Sportschau.

19.30 Weltspiegel

20.00 Tagesschau — Wetterkarte

20.15 Acht Stunden sind kein Tag. Von Rainer Werner Fassbinder

21.50 New York, New York

22.35 Tagesschau — Wetterkarte

22.40 Verleihung „Goldener Bildschirm" im Schloß Tremsbüttel

Zweites Deutsches Fernsehen

10.00 Vorschau

11.00 Recht im Gespräch. Mehr Schutz für den Verbraucher. Diskussion um Abzahlungsgeschäfte und Verkäufe an der Haustür

11.30 Paradiese der Tiere

12.00 Das Sonntagskonzert

12.50 Fragen zur Zeit. Sind Akademiker bessere Menschen?

13.00 Die Drehscheibe

13.35 Peter ist der Boß

14.05 Indian River

14.30 Die Medizin. 6. Der Tierarzt

15.00 Nachrichten — Wetter

15.05 Das Recht des anderen. Eine Sendung zur Woche der Brüderlichkeit

15.50 Der Täter ist unter uns (s/w).

17.15 Die Sport-Reportage.

18.08 Teletips für die Gesundheit

18.10 Nachrichten — Wetter

18.15 Die Leute von der Shiloh Ranch

19.15 Priester auf der Schulbank

19.45 Nachrichten — Wetter

19.55 Bonner Perspektiven. Thema: Währungskrise — Bündniskrise?

20.15 Ein ganzes Jahr Musik. Streifzug durch die Jahreszeiten mit Max Greger

21.15 Gespräch mit dem Zuschauer. Intendant Professor Dr. Karl Holzamer

22.00 Nachrichten — Wetter

22.05 Sklaven. 1. Schatten der Antike. Eine historische Betrachtung von Peter von Zahn

22.50 Goldener Bildschirm 1972

Studienprogramm

13.30 Teleberuf. Ausbildung der Ausbilder. Jugendkunde (6)

14.00 Telekolleg I: Wiederholung der Lektionen: Englisch (75)

14.30 Mathematik (75)

15.00 Volks- und Betriebswirtschaft (10)

15.30 Praktische Mathematik

16.00 Deutsch (75)

16.30 Betriebliches Rechnungswesen (5)

17.00 Yoga im Alltag (10)

17.15 Bayerische Miniaturen.

18.00 Theorie des Marxismus-Leninismus

18.30 Benvenuti in Italia

19.00 Aus dem Leben unserer Insekten (3)

19.30 Betrifft: Eltern und Erzieher. Wie Kinder spielen.

20.00 Tagesschau — Wetterkarte

Lebenslauf

1.1 Name .... Vornamen...............................

1.2 geboren am .... in..

1.3 Name des Vaters................................... Beruf...................................

    Name der Mutter .... Geburtsname ....

1.4 Nationalität (jetzige).............................. (frühere) ....

2.1 Schulen: ....

    von – bis ....

2.2 Examen: ....am: ....

3.1 Berufliche Ausbildung und Laufbahn: ....

    ....

4.1 Familienstand:..

    Name des Ehemannes / der Ehefrau ....geb.: ....

    Namen der Kinder und Alter: ....

    ....

4.2 Heimatanschrift:...

4.3 Wohnsitz (Adresse) in der BRD: ....

5.1 Ort:.............. , den ....   Unterschrift:

                                         ....

Aufgabe: Schreiben Sie einen ausführlichen Lebenslauf! Benutzen Sie folgende Ausdrücke:

(1.2) ich wurde geboren (1.3) als Sohn/Tochter des/der

(2.1) ich besuchte die Volks-/Mittel-/Realschule, das Gymnasium, die Universität/Hochschule

(2.2) ich machte/legte ab das Examen/die Prüfung/das Abitur und erhielt die mittlere
Reife/das Abitur/das Diplom; promovierte zum Dr. phil./med./rer.nat./ing.

(3.1) ich begann/erhielt meine berufliche Ausbildung als Lehrling/Praktikant und schloß
meine Ausbildung mit der Gesellen-/Gehilfen-/Facharbeiter-/Meisterprüfung ab

(3.1) meine berufliche Laufbahn begann ich / setzte ich fort bei / in Firma / Institut /
Behörde, wechselte die Stelle/wurde versetzt/befördert/unterbrach meine Laufbahn

(4.1) ich bin ledig/verheiratet/geschieden/verwitwet seit ....

71

Alterspyramide: Altersaufbau der Bevölkerung der BRD am 31. 12. 1969

Fragen:

Was sind die besonderen Gründe für den Frauenüberschuß der 40–80jährigen?
Wann war die Zahl der Geburten besonders gering?
Welche Ereignisse können Sie als Gründe hierfür nennen?
Seit wann gehen die Geburten wieder zurück? Welche Jahrgänge sind das?
Welche Auswirkungen kann ein zu schnelles Ansteigen der Bevölkerungszahl
oder ein Rückgang der Geburten haben?

72

Protest gegen die Bildungsmisere

Das Volk mischt sich ein.

In Berlin zogen Hunderte trotz strömenden Regens auf die Straße, in Hannover schrieben 4000 ihren Namen unter eine Schulresolution, in Herford solidarisierten sich 800 mit der „Elternaktion '72", in Düsseldorf demonstrierten 5000. Ihre Losung: „Eltern, verbessert die Schule – jetzt!" So stand es auf einem Transparent. Das ist das Ziel aller Aktionen, wo immer sie stattfinden: am Bodensee wie an der Nordsee, am Rhein und an der Elbe, fast in jedem Ort der Bundesrepublik.

Elternaktionen für die Ausbildung ihrer Kinder sind ein Anzeichen dafür, daß Bürger immer häufiger für ihre Rechte eintreten. Initiativen bilden sich überall: wenn Behörden Bäume schlagen, Flugplätze planen oder alte Häuser einreißen; wenn Wahl ist, Atomkraftwerke errichtet werden oder Industrieunternehmen die Umwelt verschmutzen. „Das Volk mischt sich ein", schrieb der *Spiegel* vor kurzem in einer Titelgeschichte und meinte, daß der „kleine Mann, der einst nur ratlos war", nun „selbst tätig wird".

13 Die Verabredung

Pedro trifft Monika, und sie verabreden sich für den Abend.

Pedro: Hallo Monika, warum so eilig?
Monika: Ich muß noch zum Frisör,
            denn ich möchte heute abend ins Theater gehen.
Pedro: Was wird denn gespielt?
Monika: Die Physiker, von Dürrenmatt, einem Schweizer, ein interessantes Stück.
            Willst du nicht mitkommen? Ich habe noch eine Karte.
Pedro: Wie ist denn die Aufführung?
Monika: Die Aufführung soll ausgezeichnet sein.
            Heute ist übrigens der letzte Tag.
Pedro: Und was kostet die Karte?
Monika: Elf achtzig. Ein guter Platz, erster Rang, zweite Reihe.
Pedro: Also gut. Wo treffen wir uns?
Monika: Am besten vor dem Eingang zum Schauspielhaus,
            spätestens um Viertel vor acht. Tschüs!

Beim Frisör

F: Sie wünschen bitte?
B: Waschen und Legen und Schneiden.
F: Möchten Sie's getönt?
B: Nein, keine Tönung bitte.
F: Wie wollen Sie's geschnitten haben?
B: Kürzer, aber nicht zu kurz.
F: Und wie soll ich's Ihnen legen?
B: Leicht gewellt und nach innen gerollt.
F: Ist es so recht?
B: Sehr schön, vielen Dank!

Roten oder Weißen?

O: Guten Abend! Was darf ich bringen?
P: Was trinkst du gern?
M: Am liebsten Wein.
P: Roten oder Weißen?
M: Ein Viertel Roten bitte,
   aber einen möglichst leichten.
O: Und was trinken Sie?
P: Ich habe ziemlich großen Durst,
   bringen Sie mir bitte erst ein Helles.
O: Ein Viertel Roten und ein großes Helles.

Was gibt es heute im Kino?

A: Willst du lieber ins Kino
   oder ins Theater gehen?
B: Was gibt es denn im Kino?
A: Da, die Zeitung ist voller Anzeigen,
   Krimis, Western, Liebesfilme.
B: Gibt es denn gar nichts Lustiges,
   französische oder englische Komödien?
A: Ja natürlich! Chaplin, Moderne Zeiten.
B: Ob wir da noch Karten bekommen?
A: Teure Plätze bekommt man immer noch.

75

Ergänzen Sie die Dialoge mit Hilfe der angegebenen Wörter und Ausdrücke:

Beim Frisör

F: Sie wünschen bitte?
B: ...., ...
F: Möchten Sie das Haar ....?
B: Nein, ...
F: Wie .... Sie's geschnitten haben?
B: ....
F: Und wie soll ich's Ihnen ....?
B: Leicht .... und nach .... gerollt.
F: Ist es so ....?
B: Ja, ..., vielen Dank!

waschen / legen / schneiden / frisieren
getönt / gefärbt
Tönung / färben
wollen / möchten
kurz / sehr kurz / nicht zu kurz
legen / schneiden
gewellt / gelockt; innen / außen
recht / gut / in Ordnung
gut / sehr schön / ausgezeichnet

Roten oder Weißen?

O: Guten ....! Was .... ich bringen?
P: Was .... du gern?
M: Am liebsten ....
P: .... oder ....?
M: Ein(en) .... bitte,
aber ein(en) möglichst ....
O: Und was .... Sie?
P: Ich habe .... Durst.
Bringen Sie mir bitte erst ein ....
O: Ein Viertel .... und ein ....

Tag / Abend; darf / kann
trinken / möchten / hätten
Wein / Bier
roten / helles; weißen / dunkles
Roten / Weißen / Helles
leicht / herb
trinken / nehmen / möchten
ziemlich / groß
klein / groß; Helles / Dunkles
–/–; –/–

Was gibt es heute im Kino?

A: Willst du lieber ins ....
oder in die .... gehen?
B: Was gibt es denn im ....?
A: Da, die Zeitung ist voller ....
.........., ..., ...
B: Gibt es denn gar nichts ....?
Eine .... Komödie?
A: Natürlich! ....
B: Ob wir da noch .... bekommen?
A: .... Plätze gibt es immer noch.

Kino / Theater / Konzert
Oper / Operette
Kino / Theater / Konzert
Anzeigen / Reklame
–/–; –/–; –/–
Lustiges / Heiteres
alt / modern / italienisch
–/–
Karten / Plätze
teuer / billig / zwei

1 Wie finden Sie das?

Finden Sie das gut?	Das da finde ich besser.
Finden Sie das schön?	....
Finden Sie das leicht?	....
Finden Sie das billig?	....
Finden Sie das teuer?	....

2 Wiederholen Sie die Übung. Beginnen Sie:

Finden Sie das gut?	Ich finde das hier am besten.

3 Wie soll es sein?

Wie soll es sein, kurz?	Ja, kürzer, aber nicht zu kurz.
lang?	Ja, ...
groß?	Ja, ...
klein?	Ja, ...
leicht?	Ja, ...
schwer?	Ja, ...
dunkel?	Ja, ...
hell?	Ja, ...

4 Wiederholen Sie die Übung. Beginnen Sie:

Wie soll es sein, kurz?	Nein, nicht zu kurz, lieber etwas länger.

5 Haben Sie nichts Billigeres?

Haben Sie nichts Billigeres?	Das ist das Billigste.
Haben Sie nichts Besseres?	Das ist ....
Haben Sie nichts Schöneres?	....
Haben Sie nichts Moderneres?	....
Haben Sie nichts Helleres?	....
Haben Sie nichts Leichteres?	....
Haben Sie nichts Neueres?	....

6 Wie geht das?

Geht das gut so?	Ja, so geht's am besten.
Geht das leicht so?	Ja, ...
Geht das schnell so?	Ja, ...
Geht das schön so?	Ja, ...
Geht das besser so?	Ja, ...

Europa, wie es die Jugend sieht

Zehn europäische Länder – Belgien, Deutschland, Frankreich, Großbritannien, Holland, Italien, Portugal, Schweden, die Schweiz und Spanien – erhielten im letzten Jahr von 20000 jungen Leuten Zensuren. Sie gaben Antwort auf die Fragen, wo man am besten ißt, wo die Landschaft am schönsten ist, oder wo es sich am angenehmsten leben läßt.

Das liebenswerteste europäische Land ist in den Augen der jungen Leute Holland. Auf die Frage „In welchem Land würden Sie am liebsten leben?" entschieden sich die meisten für Holland. Die Bundesrepublik Deutschland kam hinter Frankreich und Großbritannien auf den vierten Platz. Die Liste der landschaftlich schönsten Länder führt die Schweiz an. Den zweiten Platz hält Deutschland vor Italien, Spanien und Frankreich.

„In welchem Land läßt sich's am angenehmsten leben?" Die Antwort ist eindeutig: in Großbritannien. Es folgen Holland, Frankreich und Schweden. Die Meinung über die Bundesrepublik ist hier nicht die beste: „Nur Arbeit und wenig Spiel." Dafür hält man uns für die Leute mit der besten Bildung in Europa. Goethe und Beethoven leisten hier immer noch gute Arbeit für das deutsche Image im Ausland.

Daß Frankreich bei der Frage nach dem besten Essen auf Platz eins landete, war zu erwarten. Eine Überraschung ist der zweite Platz Hollands und der dritte von Belgien. Schwedens Mädchen machten dagegen das Rennen bei der Frage nach den schönsten Frauen. Den zweiten Platz belegten die Französinnen. Die deutschen Mädchen aus der Bundesrepublik belegten einen achtbaren dritten Rang vor den Engländerinnen.

Fragen zum Text:

Welche Fragen wurden den jungen Leuten gestellt?
Wo ist es nach Meinung der jungen Leute am schönsten, wo lebt man am angenehmsten, wo ißt man am besten?
In welchem Land, in welcher Stadt möchten Sie am liebsten leben?
Begründen Sie Ihre Meinung!

Aufgaben:

Unterstreichen Sie imText alle Adjektive und vergleichen Sie die Formen!
Suchen Sie die indirekten Fragesätze und bilden Sie direkte Fragen.

7 Bitte ergänzen Sie:

1. Zehn .... Länder erhielten im .... Jahr   europäisch, letzt

von 20 000 .... Leuten Zensuren. 2. Sie gaben Ant-   jung

wort auf die Fragen, wo man am .... ißt, wo die Land-   gut

schaft am .... ist, oder wo es sich am ....   schön, angenehm

leben läßt. 3. Das .... Land ist in   liebenswert, europäisch

den Augen der .... Leute Holland. 4. Auf die Frage   jung

„In .... Land würden Sie am .... leben?" ent-   welch, gern

schieden sich die .... für Holland. 5. Die BRD   viele

kam auf den .... Platz. 6. Die Liste der landschaftlich   vier

.... Länder führt die Schweiz an. 7. Den ....   schön, zwei

Platz hält Deutschland vor Italien. 8. „In .... Land   welch

läßt sich's am .... leben?" 9. Die Antwort war   angenehm

.........: Platz .... für Großbritannien.   eindeutig, eins

10. Die Meinung über die BRD ist hier nicht die ....   gut

11. Dafür hält man uns für die Leute mit der .... Bil-   gut

dung. 12. Goethe leistet immer noch .... Arbeit für das   gut

.... Image im Ausland. 13. Daß Frankreich für sein   deutsch

Essen den .... Platz erhielt, war zu erwarten.   eins

14. Überraschend ist der .... Platz für Holland und der   zwei

.... Platz von Belgien. 15. Die .... Mädchen   drei, schwedisch

machten das Rennen bei der Frage nach den .... Frauen.   schön

16. Den .... Platz belegten die .... Französinnen.   zwei, jung

17. Die .... Mädchen belegten einen ....   deutsch, achtbar

.... Rang vor den Engländerinnen.   drei

8 Bilden Sie indirekte Fragesätze:

1. Wo ißt man hier am besten?   Er fragt, wo man ....

2. Was denken Sie über Europa?   Er fragt, ...(ich/wir)

3. Welches Land gefällt Ihnen am besten?   Er fragt, ...(mir/uns)

4. In welchem Land möchten Sie leben?   Er fragt, ...(ich/wir)

5. Wie findet ihr die Landschaft?   Er fragt, ...(ihr/wir)

6. Wann fährst du nach Italien?   Er fragt, ...(ich/du)

7. Finden Sie das Leben hier angenehm?   Er fragt, ...(ich/wir)

8. Bleiben Sie länger in Deutschland?   Er fragt, ...(ich/wir)

14 Eine Anschaffung

Pedro unterhält sich mit seinem Freund über die Anschaffung eines Tonband-
geräts und läßt sich ein paar Tips geben.

Pedro: Du hast doch ein Tonbandgerät. Ich habe schon lange eins kaufen wollen.
Kannst du mir raten, was für eins ich nehmen soll?

Uwe: Ich habe keins mehr. Meins war ein älteres Modell,
und das hatte ich schon gebraucht gekauft.

Pedro: Ich möchte möglichst das Neueste,
denn ich will es mit nach Hause nehmen.

Uwe: Kaufe nur nicht den ersten besten Apparat!
Nimm dir Zeit und laß dir mehrere Geräte zeigen.

Pedro: Ich hätte gern eins, das nicht zu anfällig ist gegen Reparaturen,
mit Ersatzteilen ist das so eine Sache.

Uwe: Du solltest vor allem die Preise vergleichen.
Und wenn du bar bezahlst, laß dir Prozente geben.

Pedro: Wahrscheinlich muß ich doch in Raten zahlen.

Uwe: Sei vorsichtig, und rechne dir das genau durch.
Und lies den Vertrag, bevor du ihn unterschreibst.

Die Reklamation

P: Ich habe das Gerät bei Ihnen gekauft,
es funktioniert aber nicht.
A: Lassen Sie mich bitte mal sehen.
Wie lange haben Sie das Gerät?
P: Erst seit zwei Wochen.
A: Das liegt bestimmt an den Batterien.
P: Das habe ich alles schon ausprobiert.
A: Dann müssen wir das Gerät einschicken.
P: An die Firma? Wie lange dauert denn das?
A: Vier Wochen. Hier ist Ihr Beleg.

Der Umtausch

M: Hat das geklappt mit deinem Fotoapparat?
Du hast ihn doch umtauschen wollen.
P: Gern taten sie das natürlich nicht,
ich habe ihn aber umtauschen können.
M: Ging das so ohne weiteres?
P: Ja, gegen Vorlage der Rechnung, denn
zurückzahlen wollten die auch nichts.
M: Bist du mit der neuen Kamera zufrieden?
P: Ich habe schließlich doch die teurere
gekauft, und die funktioniert.

Die Reparatur

P: Mit meiner Uhr stimmt was nicht.
A: Dann mußt du sie reparieren lassen.
P: Ich habe sie erst in Reparatur gehabt.
A: Was fehlt denn?
P: Mal geht sie, mal geht sie nicht.
A: Wie lange hast du sie denn schon?
P: Ungefähr ein halbes Jahr.
A: Dann hast du doch noch Garantie.
Hast du den Garantieschein noch?
P: Irgendwo muß ich den haben.

Ergänzen Sie die Dialoge mit Hilfe der angegebenen Wörter und Ausdrücke:

Die Reklamation

P: Ich habe . . . . bei Ihnen gekauft,
. . . . aber nicht.
A: . . . . bitte mal
sehen. . . . . haben Sie das Gerät?
P: Erst seit . . . .
A: Dann . . . . es bestimmt . . . .
Batterien.
P: Das habe ich alles schon . . . .
A: Dann müssen wir . . . .
P: . . . . ? Wie lange dauert denn das?
A: Vier Wochen. Hier ist . . . .

Gerät/Apparat
es/er; funktionieren/gehen
lassen Sie mich/kann ich
wie lange/seit wann
—/—
liegt an/sind

ausprobieren/nachsehen
—/—; einschicken/einsenden
an/in; Firma/Fabrik
Ihr/Ihre; Beleg/Quittung

Der Umtausch

M: Hat das geklappt mit . . . . ?
Du hast . . . . doch . . . . wollen.
P: Gerne . . . . sie das natürlich nicht,
ich habe . . . . aber . . . . können.
M: . . . . das so ohne weiteres?
P: Ja, gegen Vorlage . . . . , denn
. . . . wollten die auch nichts.
M: Bist du mit . . . . neuen . . . .
zufrieden?
P: Ich habe . . . . doch . . . . teurere(n)
gekauft, und . . . .

dein Fotoapparat/deine Kamera
—/—; umtauschen/zurückgeben
tun/machen
—/—; umtauschen/zurückgeben
gehen/klappen
Quittung/Garantieschein
zurückzahlen/zurückgeben
die/der; Kamera/Apparat

schließlich/dann/am Ende; —/—
der/die; funktionieren/gehen

Die Reparatur

P: Mit . . . . stimmt was nicht.
A: Dann mußt du . . . . lassen.
P: Ich habe . . . . erst . . . .
A: Was fehlt denn?
P: Mal geht . . . . , mal geht . . . .
A: . . . . hast du . . . . denn schon?
P: . . . . ein halbes Jahr.
A: Dann . . . . doch noch Garantie.
Hast du . . . . noch?
P: Irgendwo muß ich . . . . haben.

mein; Uhr/Radio
sie/es; reparieren/richten
—/—; in Reparatur geben/
reparieren lassen
sie/es; vor/nach; laut/leise
wie lange/seit wann; —/—
ungefähr/etwa/circa
sie/es geht . . . . auf/du hast
Garantieschein/Rechnung
—/—

82

1 Bitte antworten Sie:

Haben Sie ein Radio?	Ja, ich habe eins.
Haben Sie eine Uhr?	Ja, ...
Haben Sie einen Fotoapparat?	Ja, ...
Haben Sie ein Tonbandgerät?	Ja, ...
Haben Sie einen Plattenspieler?	Ja, ...

2 Wiederholen Sie die Übung. Beginnen Sie: Nein, ich habe leider keins.

3 Bitte antworten Sie:

Ist das dein Radio?	Ja, das ist meins.
Ist das deine Uhr?	Ja, ...
Ist das dein Fotoapparat?	Ja, ...
Ist das dein Tonbandgerät?	Ja, ...
Ist das dein Plattenspieler?	Ja, ...

4 Wiederholen Sie die Übung. Beginnen Sie: Nein, meins ist das nicht.

5 Bitte ergänzen Sie:

lesen	Lies!	vorlesen	Lies vor!
geben	.....	achtgeben	....
nehmen	.....	wegnehmen	....
sehen	.....	hersehen	....
helfen	.....	mithelfen	....
sprechen	.....	lauter sprechen	....

6 Wiederholen Sie die Übung. Beginnen Sie: lesen – Lest! – usw.

7 Bitte ergänzen Sie:

einsteigen	Steig ein!
abfahren	....
mitkommen	....
dableiben	....
weggehen	....

8 Wiederholen Sie die Übung. Beginnen Sie: Steigt ein! – usw.

9 Wiederholen Sie noch einmal. Beginnen Sie: Er sagt, ihr sollt einsteigen. usw.

Was einem Ausländer in Deutschland passieren kann

Aus dem Schnellzug Rom–München steigt Roberto S., von Kopf bis Fuß ein Römer. Als er durch die Sperre geht, sagt der Beamte: „Du geben Fahrkarte." Roberto gibt sie ihm.

Beim Zeitungsstand in der Bahnhofshalle verlangt er „Il Tempo". Da beginnt der Verkäufer heftig zu gestikulieren: „Nix mehr da, Il Tempo, aus! Du nehmen andere Zeitung?" „Ja", sagt Roberto und zeigt auf den Messaggero. „Du zahlen", sagt der Verkäufer und macht die Geste mit Daumen und Zeigefinger. Roberto zahlt.

Im Zigarettenladen hat er nur einen Hundertmarkschein. Das Mädchen hinter dem Ladentisch sucht nach Wechselgeld und sagt freundlich lächelnd: „Sie haben gegeben 100 Mark. Sie also kriegen 98 Mark retour, Sie verstehen? Da. Sie prüfen, ob nix falsch, Sie bitte zählen." Roberto zählt nach und geht.

Er geht auf einen Ausschank zu, denn er hat Durst. Mit seinem Bier in der Hand sucht er einen Platz an den kleinen Stehtischen. Ein alter Trinker neben ihm heißt ihn herzlich willkommen. „Geh her, gell, so a Bier ist molto bessa als euer vino." Der Alte versteht nicht, daß der Fremde so schnell austrinkt und geht. „Nix Zeit – nix gut!" ruft er ihm enttäuscht nach.

Vor dem Südausgang stehen die Taxis. Hier ist man nicht so nett. Ein junger Mann rempelt den Italiener an: „Du warten, ich dran." Endlich hat auch Roberto einen Wagen. „Du weit fahren? Du wollen wohin?" bemüht sich der Fahrer um seinen Gast. „Ins Hotel Atlantik, bitte", sagt Roberto fast ohne jeden Akzent.

„Mamma mia", denkt er, „was für ein Volk, diese Deutschen. Nicht einer, der seine eigene Muttersprache auch nur halbwegs beherrscht."

Angelika Boese

Fragen zum Text:

Woher kam Roberto S., welche Nationalität hat er?
Wie spricht er Deutsch?
Warum konnte er die gewünschte Zeitung nicht bekommen?
Warum verhalten sich die Verkäuferin, der alte Trinker, der Taxifahrer falsch?

Aufgabe:

Versuchen Sie, die direkten Reden in diesem Text korrekt wiederzugeben.

84

Kontrollaufgaben zum Wortschatz und zu den grammatischen Strukturen*

Kreuzen Sie bitte das richtige Wort oder den richtigen Satz an.
Nur jeweils eine Lösung ist richtig! Beispiel:

Er .... sofort auf den Brief.

antworten	
antwortete	x
geantwortet	
antworte	

1. Wann sind Sie hierher gekommen?
.... einem Monat.

seit	
nach	
vor	
in	

2. Wo liegt Offenbach?
.... der Nähe von Frankfurt.

in	
bei	
an	
aus	

3. Wohin wollen Sie fahren?
Sie können .... Reisebüro fragen.

in	
im	
ins	
am	

4. Und wie lange wollen Sie bleiben?
.... ein Jahr.

schon	
noch	
erst	
bis	

5. Wie ist es in Berlin? Ich bin sicher,
daß ... ... gefällt.

es Sie	
Sie sich	
er es	
es Ihnen	

6. Wo gibt es hier Briefmarken?
Ich weiß nicht, ...

wo es hier welche gibt	
wo gibt es hier welche	
wo es gibt hier welche	
welche es wo gibt hier	

7. Sie fahren in die Stadt?
.... wollen Sie fahren?

wofür	
womit	
woher	
worauf	

8. Fahren Sie manchmal mit dem Auto
mehrere Stunden .... Pause?

mit	
um	
in	
ohne	

* Diese Übungen entsprechen dem System der Prüfungen zum
ZERTIFIKAT DEUTSCH ALS FREMDSPRACHE

9. Es war sehr spät, ... wir
   gestern abend nach Hause kamen.

   wenn
   als
   daß
   wie

10. Wir öffnen um 8. Und wann ....
    das Geschäft geschlossen?

    werden
    wirst
    wird
    würde

11. Acht Uhr ist mir zu früh.
    Kann ich nicht .... kommen?

    früher
    später
    länger
    zu spät

12. Sie können hier arbeiten.
    Wenn das ...., wäre ich froh.

    ging
    gehen
    gingen
    ginge

13. In Deutschland ist in den letzten
    Jahren auch alles teurer ....

    gewesen
    gekommen
    geworden
    geblieben

14. Hast du das Buch nicht mitgebracht?
    Ich .... es dringend gebraucht.

    sollte
    könnte
    müßte
    hätte

15. Er ist immer so unfreundlich.
    .... er nur einmal freundlich wäre!

    ob
    weil
    wenn
    wann

16. Soll ich dir helfen? Nein, du ....
    mir wirklich nicht zu helfen.

    brauchst
    kannst
    sollst
    mußt

17. Wollen Sie ein Tonbandgerät kaufen?
    Ja, ich interessiere mich sehr ....

    damit
    dafür
    dazu
    daran

18. Es ist nicht billig,
    in Raten ....

    bezahlen
    zu zahlen
    zu zählen
    bezahlt

19. Können wir helfen?
    Ja, ... nur mit!

    helft
    helfen
    hilf
    Hilfe

20. Sie brauchen eine Aufenthaltserlaubnis.
    Haben Sie sie schon .... ?

    beantragt
    aufgegeben
    bestellt
    geschrieben

21. Wo ist denn der Brief? Ich habe ihn
doch gerade hierher ....

gelegen
liegen
liegt
gelegt

22. Du hast mit ihm telefoniert.
.... habt ihr gesprochen?

warum
womit
worüber
wozu

23. Weißt du, ...?

was muß ich da machen
was ich da machen muß
was ich muß da machen
was ich da muß machen

24. Wollen Sie Rotwein?
Ja, viel .... als Weißwein.

mehr
besser
lieber
meistens

25. Das Zimmer kostet ... 150 DM.

meistens
spätestens
mindestens
mehr

26. Sie hat den Mantel
nicht ...

angezogen wollen
anziehen wollen
anziehen gewollt
anziehen gekonnt

27. Ich möchte auch den Film sehen,
.... alle Leute reden.

von dem
von denen
von den
dessen

28. Sie trinkt nur .... Kaffee.

schwarz
schwarzer
schwarzen
schwarze

29. Das Gerät ist kaputt.
Es muß unbedingt ....

reparieren lassen
zur Reklamation
repariert werden
die Reparatur

30. Man hat mir eine Stelle
als Dolmetscher ....

bekommen
abgeschlossen
mitgeteilt
angeboten

31. Er hat gesagt, ...

daß er morgen kommt erst.
ob er erst morgen kommt.
vielleicht er kommt morgen.
daß er erst morgen kommt.

32. Die Prüfung war ... schwerer,
als ich dachte.

mehr
sehr
viel
ganz

Richtig:

87

WARUM

wählen wir die

CDU/CSU

Aus einer Anzeige einer Wählerinitiative für die CDU/CSU

1. weil keine andere Partei sich dem Sittenverfall unseres Volkes entgegenstellt;

2. weil ich nicht zur Nummer in einer sozialistischen Funktionärs-Bürokratie abgestempelt werden, sondern die Freiheit meiner Person bewahrt sehen will;

3. weil die von militanten und intoleranten Jusos immer stärker beeinflußte SPD die Gefahr der Diktatur mit sich bringt;

4. weil sich aus der sozialistischen Ideologie in der Praxis erfahrungsgemäß der Funktionärs-kapitalismus roter Bonzen entwickeln wird;

5. weil uns diesmal die Knechtschaft von links droht.

Willy Brandt muß Kanzler bleiben.

➡ Damit die Würde und das Ansehen unseres Staates nach außen gewahrt bleiben.

➡ Damit der soziale Frieden im Innern erhalten bleibt.

➡ Damit niemand um seinen Arbeitsplatz Angst zu haben braucht.

➡ Damit die Politik von Vernunft und Sachverstand bestimmt wird, nicht vom großen Geld.

➡ Damit Lebensqualität und gesunde Umwelt für alle Wirklichkeit werden.

➡ Damit jeder Bürger, Mann und Frau, seine Chance erhält, sich weiterzubilden.

➡ Damit Anstand, Menschlichkeit und Vertrauen weiterhin unsere Politik bestimmen.

15

Aus einer Wahlanzeige der SPD

SPD

Bundestagswahlen 1972

Wahlberechtigt
41,4 Mill. (1972), 38,7 Mill. (1969)

Beteiligung
91,2 Proz. (1972), 86,7 Proz. (1969)

Zweitstimmen in %

	1972	1969	
CDU/CSU	44,8	46,1	(− 1,3)
SPD	45,9	42,7	(+ 3,2)
FDP	8,4	5,8	(+ 2,6)
DKP	0,3	0,6	(− 0,3)
NPD	0,6	4,3	(− 3,7)
Sonstige	0,1	0,9	(− 0,8)

Sitzverteilung

	1972	1969	
CDU/CSU	225*	242	(− 17)
SPD	230	224	(+ 6)
FDP	41	30	(+ 11)

* davon 48 (1969: 49) Sitze der CSU.

Fragen:

In welchen Bundesländern hat die SPD die absolute oder die relative Mehrheit?
Wo hat die CDU oder die CSU die absolute oder die relative Mehrheit?
Im Bundestag sitzen nur 28 Frauen (ca. 6% aller Abgeordneten). Was schließen Sie daraus?

Rätsel 1

Die ersten Buchstaben von oben nach unten gelesen ergeben einen politischen Begriff.
Umlaute werden *ae, oe, ue,* geschrieben.

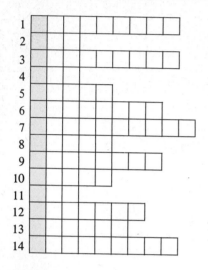

1 Volksvertretung der BRD
2 Stadt an der Donau
3 Alte Reichsstadt
4 Deutscher Staat (Abk.)
5 Gebirge westlich des Rheins
6 Bundesland
7 Industriegebiet
8 Industriestadt
9 Politische Organisationen
10 Verkehrsmittel (Abk.)
11 Deutscher Staat (Abk.)
12 Teilstaaten der BRD
13 Gegenteil von *Ausland*
14 Regierungsbündnis

Rätsel 2

Die dritten Buchstaben von oben nach unten gelesen ergeben den Vor- und Familiennamen eines bekannten deutschen Politikers.

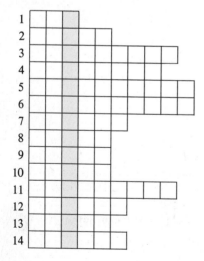

1 Abkürzung für Deutsches Rotes Kreuz
2 Mittelgebirge
3 Vertretung der Länder in der BRD
4 Bier- und Industriestadt
5 EG-Partnerland
6 Deutscher Kurort (Doppelname)
7 Deutscher Bundeskanzler
8 Stadt an der Nordsee
9 Europäische Verkehrsader
10 Fließt vom Schwarzwald zum Schwarzen Meer
11 Geburtsstadt Goethes
12 Mittelgebirge nahe Main und Rhein
13 Literaturnobelpreisträger 1972
14 Größte deutsche Stadt

Smog im Ruhrgebiet

Von der Quantität zur Qualität

Wir sprechen heute von Qualität des Lebens, obwohl wir nicht genau wissen, worin sie besteht, noch weniger, wie sie zu verwirklichen sei. Wir sprechen von Qualität, weil wir an der Quantität irre geworden sind. Am Anfang steht also auch hier nicht das Wissen, sondern der Zweifel.

Wir zweifeln, ob dies gut für die Menschen sei:
— immer breitere Straßen für immer mehr Autos
— immer größere Kraftwerke für immer mehr Energiekonsum
— immer größere Flughäfen für immer schnellere Flugzeuge
— und, nicht zu vergessen, immer mehr Menschen auf einem
  immer enger werdenden Globus.

Denn wir haben in den letzten Jahren gelernt, daß dies auch bedeutet:
— immer schlechtere Luft
— immer unerträglicherer Lärm
— immer weniger sauberes Wasser
— immer gereiztere Menschen
— immer mehr Giftstoffe in den Organismen
— und immer mehr Tote auf den Straßen.

Wir stellen dies fest, ohne daß wir schon exakt sagen könnten, wie denn nun das Verhältnis zwischen Wirtschaftswachstum und Lebensqualität genau aussieht. Sicher scheint nur, daß dasselbe Wirtschaftswachstum, das unser Leben in den letzten 100 Jahren in vielem angenehmer gemacht hat, es schließlich auch unerträglich machen kann.

Aus einer Rede von Erhard Eppler, Bundesminister für wirtschaftliche Zusammenarbeit.

Grammatische Übersichten

In den folgenden Übersichten werden die wichtigsten Kapitel der Grammatik aus *Deutsch als Fremdsprache IA (Grundkurs)* und *IB (Ergänzungskurs)* zusammengefaßt. Die einzelnen Kapitel enthalten Wiederholungsstoff aus Band IA, neuen Lehrstoff aus Band IB und wo nötig die dazugehörige Lexik. Die grammatischen Themen sind einzelnen Lektionen zugeordnet. Um eine Systematisierung des Lehrstoffs zu erreichen, mußten aber auch Überschneidungen hingenommen werden.

Jedes Kapitel dieser Grammatik zeigt in Beispielen die morphologischen und syntaktischen Strukturen, die in den Übersichten zusammengefaßt werden. Wortlisten, z. B. zur Wortbildung, bilden das sprachliche Repertoire, mit dem diese Formen verwendet und geübt werden können.

Diese Übersichten sind keineswegs vollständig, enthalten aber die wichtigsten Grundstrukturen, wie sie in *Syntaktische Strukturen* von Ulrich Engel für das *Zertifikat „Deutsch als Fremdsprache"* (hrsg. v. Deutschen Volkshochschul-Verband, Bonn 1972) beschrieben wurden. Ferner empfehlen wir für Fragen der Morphologie und Syntax G. Kaufmann: *Grammatik der deutschen Grundwortarten*, München 1967, und als Nachschlagewerke J. Erben: *Deutsche Grammatik*, München 1972, und W. Jung: *Grammatik der deutschen Sprache*, Leipzig 1971. Die Entscheidung, welche Grammatiktheorie und welches Beschreibungsmodell im Unterricht wirklich angewendet wird, muß beim derzeitigen Stand der Sprachwissenschaft dem Lehrer überlassen bleiben und dem Kenntnisstand der Lernenden angepaßt werden.

1.0 Konjugation der Verben – Präsens

1.1 Schwache Verben

1.1.1 *fragen:* **Fragen Sie** ihn? Ja, **ich frage** ihn. Und du, **fragst du** ihn auch?
sagen: Was **sagt er**? **Er sagt** nichts. Und was **sagst du**?

1.1.2 *studieren:* Wo **studieren Sie**? **Ich studiere** in Köln. **Er studiert** auch hier.
gratulieren: **Sie gratuliert** ihm. **Gratulierst du** ihm auch?

1.1.3 *arbeiten:* **Ich arbeite** im Büro. **Er arbeitet** bei uns. Wo **arbeitest du**?
öffnen: **Öffnen Sie** bitte die Tür! **Er öffnet** den Brief.

fragen	*studieren*	*arbeiten*	*öffnen*
ich frage	ich studiere	ich arbeite	ich öffne
du frag**st**	du studier**st**	du arbeit**est**	du öffn**est**
er ⎫	er ⎫	er ⎫	er ⎫
sie ⎬ frag**t**	sie ⎬ studier**t**	sie ⎬ arbeit**et**	sie ⎬ öffn**et**
es ⎭	es ⎭	es ⎭	es ⎭
wir frag**en**	wir studier**en**	wir arbeit**en**	wir öffn**en**
ihr frag**t**	ihr studier**t**	ihr arbeit**et**	ihr öffn**et**
sie frag**en**	sie studier**en**	sie arbeit**en**	sie öffn**en**
(Sie frag**en**)	(Sie studier**en**)	(Sie arbeit**en**)	(Sie öffn**en**)

Verben zu 1.1.1: ändern, brauchen, danken, fehlen, feiern, fühlen, führen, glauben, grüßen, holen, hören, kaufen, lachen, leben, legen, lernen, lieben, loben, machen, meinen, packen, parken, planen, rauchen, ruhen, schauen, schenken, schicken, sorgen, sparen, spielen, stecken, stellen, suchen, tanken, üben, wohnen, wünschen, zahlen, zählen, zeigen

Verben zu 1.1.2: diskutieren, funktionieren, garantieren, sich interessieren, operieren, probieren, produzieren, registrieren, reparieren, telefonieren

Verben zu 1.1.3: antworten, baden, bilden, heiraten, rechnen, reden, warten

1.1.4 *Unpersönlicher Gebrauch:* es dauert, es klappt, es kostet, es passiert, es paßt, es regnet, es schmeckt, es stimmt

1.2 Starke Verben

1.2.1 *fahren:* **Er fährt** nach Deutschland. **Wohin fährst du**?
geben: **Er gibt** ihm Ratschläge. **Gibst du** ihm den Brief?
nehmen: **Er nimmt** die Maschine um 17 Uhr. **Nimmst du** den Zug?
sprechen: **Er spricht** gut Deutsch. **Sprichst du** mit ihm?

fahren	geben	nehmen	sprechen
ich fahre	ich gebe	ich nehme	ich spreche
du **fährst**	du **gibst**	du **nimmst**	du **sprichst**
er sie } **fährt** es	er sie } **gibt** es	er sie } **nimmt** es	er sie } **spricht** es
wir fahren	wir geben	wir nehmen	wir sprechen
ihr fahrt	ihr gebt	ihr nehmt	ihr sprecht
sie fahren	sie geben	sie nehmen	sie sprechen
(Sie fahren)	(Sie geben)	(Sie nehmen)	(Sie sprechen)

Verben zu 1.2.1: essen (er ißt), fahren (er fährt), fallen (er fällt), geben (er gibt), gelten (er gilt), halten (er hält), helfen (er hilft), lassen (er läßt), laufen (er läuft), lesen (er liest), nehmen (er nimmt), schlagen (er schlägt), sehen (er sieht), sprechen (er spricht), tragen (er trägt), treffen (er trifft)

1.2.2   *Unpersönlicher Gebrauch:* es geht mir gut / schlecht, es gefällt mir, es gibt

1.3   **Unregelmäßige Verben**

sein	haben	werden	wissen
ich **bin**	ich habe	ich werde	ich **weiß**
du **bist**	du **hast**	du **wirst**	du **weißt**
er sie } **ist** es	er sie } **hat** es	er sie } **wird** es	er sie } **weiß** es
wir **sind**	wir haben	wir werden	wir wissen
ihr **seid**	ihr habt	ihr werdet	ihr **wißt**
sie **sind**	sie haben	sie werden	sie wissen
(Sie **sind**)	(Sie haben)	(Sie werden)	(Sie wissen)

1.4   **Zusammengesetzte Verben**

1.4.1   *Trennbare Verben*

anrufen: **Ich rufe** Sie **an. Er ruft** mich **an. Rufst du** im Büro **an**?
abfahren: Wann **fährt** der Zug **ab**? Wann **fährst du ab**?
aufmachen: **Machen Sie** den Koffer **auf! Machst du** bitte das Fenster **auf**?
eintreffen: Wann **trifft** die Maschine **ein**? Wann **triffst du** hier **ein**?

anrufen	*abfahren*	*eintreffen*
ich rufe an	ich fahre ab	ich treffe ein
du rufst an	du fährst ab	du triffst ein
er ⎫	er ⎫	er ⎫
sie ⎬ ruft an	sie ⎬ fährt ab	sie ⎬ trifft ein
es ⎭	es ⎭	es ⎭
wir rufen an	wir fahren ab	wir treffen ein
ihr ruft an	ihr fahrt ab	ihr trefft ein
sie rufen an	sie fahren ab	sie treffen ein
(Sie rufen an)	(Sie fahren ab)	(Sie treffen ein)

Verben zu 1.4.1: abfahren (er fährt ab), abfliegen, abgeben (er gibt ab), abholen, abstellen, ankommen, anmelden, anrufen, anspringen, anziehen, aufmachen, ausprobieren, aussagen, einkaufen, einladen (er lädt ein), einsteigen, eintreffen (er trifft ein), feststellen, kennenlernen, mitgehen, mitkommen, mitmachen, mitnehmen (er nimmt mit), spazierengehen, stattfinden (es findet statt), vormerken, weggehen, wegfahren (er fährt weg), zugeben (er gibt zu), zurückfahren (er fährt zurück), zurückkommen, zusehen (er sieht zu)

1.4.2   *Nicht trennbare Verben*

bekommen: **Er bekommt** ein Stipendium. Wann **bekommst du** die Flugkarte?
verstehen: **Verstehen Sie** Deutsch? **Verstehst du** das?
erklären: Bitte **erklären Sie** das! **Erklärst du** es ihm?

bekommen	*verstehen*	*erklären*
ich bekomme	ich verstehe	ich erkläre
du bekommst	du verstehst	du erklärst
er ⎫	er ⎫	er ⎫
sie ⎬ bekommt	sie ⎬ versteht	sie ⎬ erklärt
es ⎭	es ⎭	es ⎭
wir bekommen	wir verstehen	wir erklären
ihr bekommt	ihr versteht	ihr erklärt
sie bekommen	sie verstehen	sie erklären
(Sie bekommen)	(Sie verstehen)	(Sie erklären)

Verben zu 1.4.2: beginnen, begleiten, begrüßen, bekommen, bestellen, bestimmen, bezahlen, empfangen (er empfängt), entlassen (er entläßt), entschuldigen, ergänzen, erklären, erreichen, ersetzen, erwarten, gefallen (es gefällt), gehören, genügen, untersuchen, verbinden, verdanken, verdienen, vergleichen, verkaufen, verlassen (er verläßt), verreisen, verstehen, versuchen, verteilen, wiederholen

1.5 Reflexive Verben

1.5.1 *mit Akkusativ*

sich freuen: **Ich freue mich. Er freut sich** über die Kamera.
Wir freuen uns auf die Reise.

sich anmelden: **Er meldet sich** in Köln **an.**
(*nicht reflexiv:* Muß ich das beim Zoll anmelden?)

1.5.2 *mit Dativ*

sich etwas überlegen: **Ich** will's **mir überlegen.**
Er überlegt es **sich** noch.

1.5.3 *mit Akkusativ oder Dativ*

sich waschen: **Ich wasche mich. Ich wasche mir** die Hände.
Sie wäscht sich die Haare.
(*nicht reflexiv:* Sie wäscht das Kleid.)

sich freuen	*sich waschen*	*sich etwas waschen*
ich freue **mich**	ich wasche **mich**	ich wasche **mir** die Hände
du freust **dich**	du wäschst **dich**	du wäschst **dir** die Hände
er	er	er
sie } freut **sich**	sie } wäscht **sich**	sie } wäscht **sich** die Hände
es	es	es
wir freuen **uns**	wir waschen **uns**	wir waschen **uns** die Hände
ihr freut **euch**	ihr wascht **euch**	ihr wascht **euch** die Hände
sie freuen **sich**	sie waschen **sich**	sie waschen **sich** die Hände
(Sie freuen **sich**)	(Sie waschen **sich**)	(Sie waschen **sich** die Hände)

Verben zu 1.5.1:

> *nur reflexiv:* sich bewerben (er bewirbt sich), sich ereignen, sich erkundigen, sich irren, sich verhalten (er verhält sich), sich verlassen auf (er verläßt sich)

> *reflexiv oder nicht reflexiv:* sich anziehen, sich ausziehen, sich entscheiden, sich entschuldigen, sich erinnern, sich fragen, sich freuen, sich interessieren, sich setzen, sich treffen (er trifft sich), sich unterhalten (er unterhält sich), sich verabschieden, sich verletzen, sich verstehen, sich vorstellen

Verben zu 1.5.2: sich etwas kaufen, sich etwas leisten, sich etwas vorstellen

Verben zu 1.5.3: sich anziehen, sich frisieren, sich kämmen, sich rasieren, sich die Zähne putzen u. a.

1.6   Imperativ

1.6.1

Warte!	**Wartet!**	**Warten Sie!**
Antworte!	**Antwortet!**	**Antworten Sie!**
Nimm!	**Nehmt!**	**Nehmen Sie!**
Zeig her!	Zeigt her!	Zeigen Sie her!
Melde dich an!	Meldet euch an!	Melden Sie sich an!
Sei still!	Seid still!	Seien Sie still!
Hab Geduld!	Habt Geduld!	Haben Sie Geduld!
Laß mal sehen!	Laßt mal sehen!	Lassen Sie mal sehen!

1.7   Modalverben *(siehe unter 6, S. 109)*

2.0   Wortbildungen

2.1   Substantive

2.1.1   *Ableitungen aus Verben*

2.1.1.1

essen	– **das** Essen

Er kommt nach dem Essen.

fernsehen	– das Fernsehen	vertrauen	– das Vertrauen
leben	– das Leben		

2.1.1.2

anrufen	– **der** Anruf

Ich warte auf deinen Anruf.

anfangen	– der Anfang	scheinen	– der Schein
beginnen	– der Beginn	schließen	– der Schluß
besuchen	– der Besuch	tanzen	– der Tanz
danken	– der Dank	unterrichten	– der Unterricht
fliegen	– der Flug	verstehen	– der Verstand

2.1.1.3

reisen	– **die** Reise

Er macht eine Reise nach Deutschland.

anzeigen	– die Anzeige	helfen	– die Hilfe
aufnehmen	– die Aufnahme	lieben	– die Liebe
aussagen	– die Aussage	ruhen	– die Ruhe
bitten	– die Bitte	sorgen	– die Sorge
fragen	– die Frage	sprechen	– die Sprache

2.1.1.4

fahren	– **die** Fahrt

Die Fahrt nach Köln dauert 3 Stunden.

abfahren	– die Abfahrt	arbeiten	– die Arbeit
ankommen	– die Ankunft	schreiben	– die Schrift
antworten	– die Antwort	sehen	– die Sicht

2.1.1.5	üben	– **die Übung**	Wiederholen Sie **die Übung.**

	anmelden	– die Anmeldung	senden	– die Sendung
	einladen	– die Einladung	verabreden	– die Verabredung
	feststellen	– die Feststellung	wiederholen	– die Wiederholung
	meinen	– die Meinung	wohnen	– die Wohnung

2.1.1.6	sich ereignen	– **das Ereignis**	**Dieses Ereignis** müssen wir feiern.
	erlauben	– **die Erlaubnis**	Sie brauchen **eine Aufenthaltserlaubnis.**

	ergeben	– das Ergebnis	erkennen	– die Erkenntnis
	verstehen	– das Verständnis		

2.1.1.7	hören	– **der Hörer**	**Hörer** des Westdeutschen Rundfunks . . .

	arbeiten	– der Arbeiter	fernsehen	– der Fernseher
	lehren	– der Lehrer	saugen	– der Staubsauger
	spielen	– der Spieler	zählen	– der Zähler

2.1.2 *Ableitungen aus Adjektiven*

2.1.2.1	frei	– **die Freiheit**	**Freiheit, Gleichheit, Brüderlichkeit!**

	einfach	– die Einfachheit	schön	– die Schönheit
	krank	– die Krankheit	wahr	– die Wahrheit

2.1.2.2	sparsam	– **die Sparsamkeit**	**Sparsamkeit** geht über Treue.

	arbeitslos	– die Arbeitslosigkeit	persönlich	– die Persönlichkeit
	dankbar	– die Dankbarkeit	schwierig	– die Schwierigkeit
	möglich	– die Möglichkeit	wirklich	– die Wirklichkeit

2.1.2.3	eigen	– **die Eigenschaft**	Dies ist die wichtigste **Eigenschaft.**

	bekannt	– die Bekanntschaft	hilfsbereit	– die Hilfsbereitschaft

2.1.2.4	groß	– **die Größe**	Schuhe in welcher **Größe?**

	nah	– die Nähe	treu	– die Treue
	stark	– die Stärke	weit	– die Weite

aber:	alt	– der (ein) Alte(r), die (eine) Alte, das (etwas) Alte(s)
	angestellt	– der (ein) Angestellte(r), die (eine) Angestellte
	bekannt	– der (ein) Bekannte(r), die (eine) Bekannte
	deutsch	– der (ein) Deutsche(r), die (eine) Deutsche
	reisend	– der (ein) Reisende(r), die (eine) Reisende

98

2.1.3 Ableitungen aus Substantiven

2.1.3.1 das Land — **die** Land**schaft**   **Die Landschaft** fliegt vorbei.

der Arbeiter	– die Arbeiterschaft	der Freund	– die Freundschaft
der Feind	– die Feindschaft	der Student	– die Studentenschaft

2.1.3.2 das Ausland — **der** Ausländ**er**, **die** Ausländ**erin**   Sind Sie **Ausländer**?

Berlin	– der Berliner, die Berlinerin
England	– der Engländer, die Engländerin
Politik	– der Politiker, die Politikerin
aber: Frankreich	– der Franzose, die Französin
Türkei	– der Türke, die Türkin
Rußland	– der Russe, die Russin

2.1.4 Zusammensetzungen

der Name	– der Doppel**name**	(der doppelte Name)
	– der Familienname	(der Name der Familie)
	– der Geburtsname	(der Name bei der Geburt)
	– der Rufname	(der Name, der gerufen wird)
	– der Vorname	(der Name vor dem Familiennamen)
die Fahrt	– die Fahrkarte – der Fahrkartenschalter	
der Flug	– das Flugzeug – der Flugschein	
die Sprache	– die Fremdsprache – die Muttersprache	
der Abschied	– die Abschiedsparty – das Abschiedsfest	
die Arbeit	– das Arbeitsamt – die Arbeitserlaubnis	

2.2 Adjektive

2.2.1 Ableitungen auf -bar

danken — dankbar   Ich bin Ihnen dafür **dankbar**.

denken	– denkbar	machen	– machbar
erkennen	– erkennbar	scheinen	– scheinbar
erklären	– erklärbar	sehen	– sichtbar
essen	– eßbar	sprechen	– sprechbar
feststellen	– feststellbar	teilen	– teilbar
hören	– hörbar	trinken	– trinkbar
lesen	– lesbar	zahlen	– zahlbar

99

2.2.2 Ableitungen auf -ig

der Fleiß	– fleißig

Er ist sehr fleißig.

das Gewicht	– (ge)wichtig	eilen	– eilig
der Haufe(n)	– häufig	schwer	– schwierig
der Hunger	– hungrig	jetzt	– jetzig
die Ruhe	– ruhig	hier	– hiesig

2.2.3 Ableitungen auf -isch

die Politik	– politisch

Sie ist politisch interessiert.

der Regen	– regnerisch	Amerika	– amerikanisch
die Türkei	– türkisch	England	– englisch
der Typ	– typisch	Frankreich	– französisch

2.2.4 Ableitungen auf -lich

der Freund	– freundlich

Das ist sehr freundlich von Ihnen.

der Feind	– feindlich	die Person	– persönlich
die Gefahr	– gefährlich	rot	– rötlich
das Gemüt	– gemütlich	schließen	– schließlich
das Glück	– glücklich	sicher	– sicherlich
der Grund	– gründlich	der Tag	– täglich
das Herz	– herzlich	verstehen	– verständlich
der Hof	– höflich	es versteht	– selbstverständlich
hoffen	– hoffentlich	sich von selbst	
das Jahr	– jährlich	wirken	– wirklich
der Monat	– monatlich	die Woche	– wöchentlich
die Natur	– natürlich	die Zeit	– zeitlich

2.2.5 Ableitungen auf -sam

die Arbeit	– arbeitsam

Er ist sehr arbeitsam.

lang	– langsam	sparen	– sparsam
schweigen	– schweigsam	streben	– strebsam
sorgen	– sorgsam	wirken	– wirksam

2.2.6 Weitere Ableitungen

-haft

der Fehler	– fehlerhaft	krank	– krankhaft
glauben	– glaubhaft	der Schmerz	– schmerzhaft

100

-los

die Arbeit	– arbeitslos	der Kopf	– kopflos
der Humor	– humorlos	der Schmerz	– schmerzlos

-mäßig

die Regel	– regelmäßig
die Vorschrift	– vorschriftsmäßig

-voll

der Humor	– humorvoll	der Wert	– wertvoll

-wert

danken	– dankenswert	lieben	– liebenswert
ehren	– ehrenwert	der Preis	– preiswert

2.2.7 *Verneinung auf un-*

möglich	– unmöglich	**Ich kann nicht kommen.**	
		Es ist leider unmöglich.	

dankbar	– undankbar	hörbar	– unhörbar
denkbar	– undenkbar	lesbar	– unlesbar
erklärbar	– unerklärbar	persönlich	– unpersönlich
erklärlich	– unerklärlich	politisch	– unpolitisch
freundlich	– unfreundlich	richtig	– unrichtig
gefährlich	– ungefährlich	ruhig	– unruhig
gemütlich	– ungemütlich	sichtbar	– unsichtbar
glaubhaft	– unglaubhaft	typisch	– untypisch
glücklich	– unglücklich	verständlich	– unverständlich
höflich	– unhöflich	wichtig	– unwichtig

aber: nicht eßbar, nicht feststellbar, nicht machbar, nicht trinkbar

2.3 **Fremdwörter**

studieren	– das Studium	– der Student
praktizieren	– das Praktikum	– der Praktikant
gratulieren	– die Gratulation	– der Gratulant
produzieren	– die Produktion	– der Produzent
frisieren	– die Frisur	– der Frisör (Friseur)
telefonieren	– das Telefonat	– der Telefonist
diskutieren	– die Diskussion	– (der Diskussionsleiter)
reparieren	– die Reparatur	
operieren	– die Operation	– der Operateur

2.4.

Das Wortfeld ARBEIT

Verben	Substantive	Adjektive
arbeiten	**die Arbeit**	**arbeit**- s -

bearbeiten – die Bearbeitung	der Arbeitgeber	
erarbeiten – die Erarbeitung	der Arbeitnehmer	
überarbeiten – die Überarbeitung		
verarbeiten – die Verarbeitung		

Substantive	Adjektive
das Arbeitsamt	
die Arbeitsgenehmigung	
die Arbeitskraft	
der Arbeitsplatz	
das Arbeitsrecht	
der Arbeitstag	
die Arbeitszeit	

die Arbeitsamkeit ———	arbeitsam
die Arbeitsbereitschaft ———	arbeitsbereit
die Arbeitslosigkeit ———	arbeitslos
die Arbeitsunfähigkeit ———	arbeitsunfähig
die Arbeitswilligkeit ———	arbeitswillig

die Diplomarbeit
die Fabrikarbeit
die Kurzarbeit
die Handarbeit
die Hausarbeit
die Landarbeit

ausarbeiten – die Ausarbeitung
einarbeiten – die Einarbeitung
umarbeiten – die Umarbeitung

der Arbeiter
die Arbeiterin

der Facharbeiter	die Arbeiterbewegung
der Landarbeiter	die Arbeiterklasse
der Industriearbeiter	die Arbeiterschaft
der Mitarbeiter	die Arbeiterpartei
der Vorarbeiter	der Arbeiterstand

mitarbeiten ——— die Mitarbeit
vorarbeiten ——— die Vorarbeit

3.0 Konjugation der Verben – Präteritum

3.1 Schwache Verben

3.1.1 *sagen:* Er sagte nichts.
studieren: Wo studierte er? Er studierte in Berlin.
besuchen: Wir besuchten ihn.

3.1.2 *antworten:* Er antwortete noch immer nicht.

sagen	studieren	besuchen	antworten
ich sagte	ich studierte	ich besuchte	ich antwortete
du sagtest	du studiertest	du besuchtest	du antwortetest
er sie } sagte es	er sie } studierte es	er sie } besuchte es	er sie } antwortete es
wir sagten	wir studierten	wir besuchten	wir antworteten
ihr sagtet	ihr studiertet	ihr besuchtet	ihr antwortetet
sie sagten	sie studierten	sie besuchten	sie antworteten
(Sie sagten)	(Sie studierten)	(Sie besuchten)	(Sie antworteten)

(Liste der schwachen Verben siehe unter 1.1, S. 93; Modalverben siehe 6.2, S. 109.)

3.2 Starke und unregelmäßige Verben

3.2.1 *sein:* Früher **war** alles ganz anders.
kommen: Wenn früher der Abend **kam,**
werden: wenn es dunkel **wurde,**
haben: wenn man seine Arbeit hinter sich **hatte,** war man da nicht ein freier Mensch?
anrufen: Früher **riefen** die Freunde abends einfach **an.**

sein	haben	werden	kommen	anrufen
ich **war**	ich **hatte**	ich **wurde**	ich **kam**	ich **rief** an
du **warst**	du **hattest**	du **wurdest**	du **kamst**	du **riefst** an
er sie } **war** es	er sie } **hatte** es	er sie } **wurde** es	er sie } **kam** es	er sie } **rief** an es
wir **waren**	wir **hatten**	wir **wurden**	wir **kamen**	wir **riefen** an
ihr **wart**	ihr **hattet**	ihr **wurdet**	ihr **kamt**	ihr **rieft** an
sie **waren**	sie **hatten**	sie **wurden**	sie **kamen**	sie **riefen** an
(Sie **waren**)	(Sie **hatten**)	(Sie **wurden**)	(Sie **kamen**)	(Sie **riefen** an)

4.0 Konjugation der Verben – Perfekt

4.1 Perfekt mit „haben"

4.1.1 *Schwache Verben*

	Partizip Perfekt:	

machen: Was **hat** man früher am Abend **gemacht**?
abholen: Man **hat** seine Freunde **abgeholt**,
besuchen: oder man **hat** sie **besucht**.
reden: Man **hat** über vieles **geredet**
diskutieren: und **diskutiert**.

ge - mach	- t
ab - ge - hol	- t
be - such	- t
ge - red	- et
diskutier	- t

4.1.2 *Starke Verben*

beginnen: Wann beginnen die Nachrichten?
    Sie **haben** gerade **begonnen**.
sprechen: **Hast** du noch mit ihm **gesprochen**?
anrufen: Ja, ich **habe** ihn **angerufen**.

be - gonn	- en
ge - sproch	- en
an - ge - ruf	- en

4.1.3 *Unregelmäßige Verben (Gemischte Konjugation)*

kennen: **Haben** Sie seine Freunde schon **gekannt**?
mitbringen: Was **haben** Sie ihm **mitgebracht**?
denken: Er **hat** sich nichts dabei **gedacht**.

ge - kann	- t
mit - ge - brach	- t
ge - dach	- t

4.2 Perfekt mit „sein"

4.2.1

kommen: Die Maschine **ist** gerade **gekommen**.
abreisen: Wann **ist** Pedro denn **abgereist**?
sein: Wo ist er? Er **ist** gerade hier **gewesen**.

ge - komm	- en
ab - ge - reis	- t
ge - wes	- en

4.3 Starke und unregelmäßige Verben

Infinitiv	*Präteritum*	*Perfekt*
beginnen	begann	hat begonnen
bieten	bot	hat geboten
anbieten	bot an	hat angeboten
verbieten	verbot	hat verboten
binden	band	hat gebunden
bitten	bat	hat gebeten
bleiben	blieb	ist geblieben
brechen, bricht	brach	hat gebrochen
bringen	brachte	hat gebracht
denken	dachte	hat gedacht
dürfen, darf	durfte	hat gedurft

empfangen, empfängt	empfing	hat empfangen
essen, ißt	aß	hat gegessen
fahren, fährt	fuhr	ist gefahren
abfahren, fährt ab	fuhr ab	ist abgefahren
mitfahren, fährt mit	fuhr mit	ist mitgefahren
wegfahren, fährt weg	fuhr weg	ist weggefahren
fallen, fällt	fiel	ist gefallen
fangen, fängt	fing	hat gefangen
anfangen, fängt an	fing an	hat angefangen
finden	fand	hat gefunden
stattfinden	fand statt	hat stattgefunden
fliegen	flog	ist geflogen
abfliegen	flog ab	ist abgeflogen
geben, gibt	gab	hat gegeben
abgeben, gibt ab	gab ab	hat abgegeben
ergeben, ergibt	ergab	hat ergeben
zugeben, gibt zu	gab zu	hat zugegeben
gehen	ging	ist gegangen
mitgehen	ging mit	ist mitgegangen
spazierengehen	ging spazieren	ist spazierengegangen
gelten, gilt	galt	hat gegolten
genießen	genoß	hat genossen
geschehen, geschieht	geschah	ist geschehen
greifen	griff	hat gegriffen
begreifen	begriff	hat begriffen
haben, hat	hatte	hat gehabt
halten, hält	hielt	hat gehalten
anhalten, hält an	hielt an	hat angehalten
hängen	hing	hat gehangen
heißen	hieß	hat geheißen
helfen, hilft	half	hat geholfen
kennen	kannte	hat gekannt
kommen	kam	ist gekommen
ankommen	kam an	ist angekommen
bekommen	bekam	hat bekommen
hereinkommen	kam herein	ist hereingekommen
können, kann	konnte	hat gekonnt
laden, lädt	lud	hat geladen
einladen, lädt ein	lud ein	hat eingeladen
lassen, läßt	ließ	hat gelassen
entlassen, entläßt	entließ	hat entlassen

verlassen, verläßt	verließ	hat verlassen
zulassen, läßt zu	ließ zu	hat zugelassen
laufen, läuft	lief	ist gelaufen
lesen, liest	las	hat gelesen
vorlesen, liest vor	las vor	hat vorgelesen
liegen	lag	hat gelegen
mögen, mag	mochte	hat gemocht
müssen, muß	mußte	hat gemußt
nehmen, nimmt	nahm	hat genommen
mitnehmen, nimmt mit	nahm mit	hat mitgenommen
rufen	rief	hat gerufen
anrufen	rief an	hat angerufen
scheinen	schien	hat geschienen
schlafen, schläft	schlief	hat geschlafen
schlagen, schlägt	schlug	hat geschlagen
schließen	schloß	hat geschlossen
schreiben	schrieb	hat geschrieben
schweigen	schwieg	hat geschwiegen
schwimmen	schwamm	ist (hat) geschwommen
sehen, sieht	sah	hat gesehen
ansehen, sieht an	sah an	hat angesehen
sein, ist	war	ist gewesen
singen	sang	hat gesungen
sitzen	saß	hat gesessen
sprechen, spricht	sprach	hat gesprochen
springen	sprang	ist gesprungen
stehen	stand	hat gestanden
verstehen	verstand	hat verstanden
steigen	stieg	ist gestiegen
einsteigen	stieg ein	ist eingestiegen
stoßen, stößt	stieß	hat gestoßen
zusammenstoßen	stieß zusammen	ist zusammengestoßen
(sich) streiten	stritt (sich)	hat (sich) gestritten
tragen, trägt	trug	hat getragen
(sich) treffen, trifft (sich)	traf (sich)	hat (sich) getroffen
eintreffen, trifft ein	traf ein	ist eingetroffen
treten, tritt	trat	hat getreten
eintreten, tritt ein	trat ein	ist eingetreten
trinken	trank	hat getrunken
tun	tat	hat getan
unterscheiden	unterschied	hat unterschieden

vergessen, vergißt	vergaß	hat vergessen
vergleichen	verglich	hat verglichen
verlieren	verlor	hat verloren
verzeihen	verzieh	hat verziehen
wachsen, wächst	wuchs	ist gewachsen
(sich) waschen, wäscht (sich)	wusch (sich)	hat (sich) gewaschen
werden, wird	wurde	ist geworden
wissen, weiß	wußte	hat gewußt
ziehen	zog	hat gezogen
(sich) anziehen	zog (sich) an	hat (sich) angezogen

5.0 Deklination

5.1 Das Nomen (Genitiv)

5.1.1 *mit bestimmtem Artikel*

Wessen? Die Ansicht **des** Mannes, **der** Frau, **des** Mädchens, **der** Leute
Nach Meinung **der** Hörer **des** Westdeutschen Rundfunks
In der Nähe **des** Bahnhofs, **der** Universität
Am Anfang **des** Monats, **der** Woche, **der** Ferien

	maskulin	*neutrum*	*feminin*	*Plural*
N	der Mann	das Mädchen	die Frau	die Leute
A	den Mann	das Mädchen	die Frau	die Leute
D	dem Mann	dem Mädchen	der Frau	den Leuten
G	**des** Mannes	**des** Mädchens	**der** Frau	**der** Leute

Ebenso: dieser, dieses, diese – jener, jenes, jene

5.1.2 *mit unbestimmtem Artikel*

Das ist die Meinung **eines** Mannes, **einer** Frau, **eines** Mädchens.
Angehörige **einer** Nation, **vieler** Nationen *oder* **von** vielen Nationen
aber: Angehörige **von vier** Nationen

	maskulin	*neutrum*	*feminin*	*Plural*
N	ein Mann	ein Mädchen	eine Frau	– Leute
A	einen Mann	ein Mädchen	eine Frau	– Leute
D	einem Mann	einem Mädchen	einer Frau	– Leuten
G	eines Mannes	eines Mädchens	einer Frau	(von Leuten)

5.2 Das Possessivpronomen

5.2.1 Die Ansicht meines Vaters, deines Bruders, seiner Schwester, ihrer Kinder
Das sind Gewohnheiten unseres Volkes, eurer Nation, ihrer Eltern.

ich	du	er/es	sie	wir	ihr	sie/Sie
mein	dein	sein	ihr	unser	euer	ihr/Ihr

	maskulin	neutrum	feminin	Plural
N	mein Wagen	mein Auto	meine Frau	meine Freunde
A	meinen	mein	meine	meine Freunde
D	meinem	meinem	meiner	meinen Freunden
G	meines Wagens	meines Autos	meiner	meiner Freunde

5.3 Das Relativpronomen

5.3.1 Welcher Mann? Der Mann, **der** in die Bank einbrach.
Welcher Wagen? Der Wagen, **den** man später gefunden hat.
Welche Tasche? Die Tasche, in **der** das Geld war.
Welcher Räuber? Der, **dessen** Wagen später gefunden wurde.
Welche Frau? Die Frau, **deren** Handtasche gestohlen wurde.

	maskulin	neutrum	feminin	Plural
N	der	das	die	die
A	den	das	die	die
D	dem	dem	der	denen
G	**dessen**	**dessen**	**deren**	**deren**

5.4 Der Relativsatz

Nach dem Überfall zwang der Mann, **der 32 000 Mark erbeutete,** den Fahrer eines Personenwagens, **der an der Ampel hielt,** mit vorgehaltener Pistole, ihn mitzunehmen.

(Satzbauplan hierzu siehe unter 14.5, S. 126)

6.0   Modalverben

6.1   Präsens

6.1.1   *wollen:* Wie lange **wollen Sie** hier bleiben? **Ich will** 2 Jahre hier studieren.
können: **Können Sie** mir helfen? **Kannst du** morgen abend zu mir kommen?
müssen: **Sie müssen** sich noch anmelden. **Ich muß** jetzt gehen.
sollen: Was **soll ich** denn jetzt machen?
dürfen: **Darf ich** bekannt machen?
mögen: **Mögen Sie** Schokolade?

	wollen	*können*	*müssen*	*sollen*	*dürfen*	*mögen*
ich	**will**	**kann**	**muß**	soll	**darf**	**mag**
du	**willst**	**kannst**	**mußt**	sollst	**darfst**	**magst**
er sie es	**will**	**kann**	**muß**	soll	**darf**	**mag**
wir	**wollen**	**können**	**müssen**	**sollen**	**dürfen**	**mögen**
ihr	**wollt**	**könnt**	**müßt**	**sollt**	**dürft**	**mögt**
sie (Sie)	**wollen**	**können**	**müssen**	**sollen**	**dürfen**	**mögen**

Beachten Sie: ich **möchte**, du **möchtest**, er **möchte**, wir **möchten**, ihr **möchtet**, sie **möchten**

6.1.2   *müssen / nicht brauchen zu*

Muß ich das machen? Nein, das **brauchen Sie nicht zu** machen.
Muß ich das unterschreiben? Nein, das **brauchst du nicht zu** unterschreiben.

6.1.3   *lassen*

Sie will ihn nicht im Stich lassen.
Muß ich das selbst machen? Nein, du kannst es auch machen lassen.
Haben Sie den Brief schon geschrieben? Ich lasse ihn sofort schreiben.

6.2   Präteritum

6.2.1   *wollen:* **Sie wollte** ein Auto kaufen.
können: **Er konnte** leider nicht mitkommen.
müssen: **Wir mußten** lange warten.
sollen: Das **solltest du** nicht machen.
dürfen: **Sie durften** nicht einreisen.
lassen: **Sie ließen** die falsche Tasche stehen.

	wollen	können	müssen	sollen	dürfen	mögen
ich	wollte	konnte	mußte	sollte	durfte	mochte
du	wolltest	konntest	mußtest	solltest	durftest	mochtest
er sie } es	wollte	konnte	mußte	sollte	durfte	mochte
wir	wollten	konnten	mußten	sollten	durften	mochten
ihr	wolltet	konntet	mußtet	solltet	durftet	mochtet
sie } (Sie)	wollten	konnten	mußten	sollten	durften	mochten

6.3   Perfekt

6.3.1   *wollen:*   Er **hat** hier **studieren wollen.**
       können: Sie **hat** leider nicht **kommen können.**
       müssen: Er **hat** sich erst **anmelden müssen.**

wollen:	Ich	habe	das gestern noch	machen wollen.
können:	Ich	habe	das nicht noch einmal	machen können.
müssen:	Ich	habe	das leider	machen müssen.
sollen:	Ich	habe	das doch	machen sollen.
dürfen:	Ich	habe	das nicht mehr	machen dürfen.
lassen:	Ich	habe	das	machen lassen.

Beachten Sie: Ich **habe** das nicht **gewollt,** nicht **gekonnt,** nicht **gemußt,** usw.

7.0   Präpositionen

7.1   Präpositionen mit Akkusativ

    bis: (bis wann? bis wohin?) **bis** bald; **bis nächsten** Sonntag; **bis** Trier
    durch: (wo?) eine Reise **durch** Deutschland; **durch die** Stadt; **durch** Köln **hindurch**
    für: (für wen? wofür?) **Für mich** ist es Zeit. Vielen Dank **für die** Einladung.
    gegen: (gegen wen? wogegen? wann etwa?) eine Demonstration **gegen die** Regierung; **gegen** 8 Uhr

110

ohne:	(ohne wen? ohne was?) Er kommt allein, **ohne seine** Frau. Kaffe **ohne** Milch und Zucker.
um:	(wann? wo? worum?) **um** 10 Uhr; **um die** Stadt; **um den** Bahnhof **herum**. Es geht **um die** Mitbestimmung.

Beachten Sie:	durchs Haus	= durch das Haus
	fürs Kind	= für das Kind
	ums Haus	= um das Haus

7.2 Präpositionen mit Dativ

7.2.1	*ab:*	(ab wann? ab wo?) **ab** sofort; **ab nächstem** Jahr. **Ab** Köln fahren wir Autobahn.
	aus:	(woher?) Sie kommt **aus dem** Haus, **aus der** Schule, **aus der** Schweiz.
	bei:	(bei wem? wobei? wo?) Sie ist **beim** Arzt. Hilfst du mir **beim** Packen? Die Wohnung liegt **beim** Bahnhof.
	mit:	(mit wem? womit?) Er spricht **mit ihr**. Sie fährt **mit dem** Bus.
	nach:	(wohin? wann?) Er fährt **nach** Deutschland. **Nach dem** Semester; **nach der** Arbeit
	seit:	(seit wann?) **seit einer** Stunde; **seit einem** Jahr; **seit kurzem**
	von:	(woher? von wem? wovon?) Er kommt **vom** Bahnhof. Sie spricht **von ihrem** Vater, **von ihrer** Reise.
	zu:	(wohin? wann?) Er geht **zu einem** Makler. Sie ist **zur** Zeit verreist.

Beachten Sie:	beim Bahnhof	= bei dem Bahnhof
	vom Zug	= von dem Zug
	zum Bus	= zu dem Bus
	zur Tür	= zu der Tür

7.3 Präpositionen mit Akkusativ oder Dativ

7.3.1		*wohin? (Richtung)*	*wo? (Lage)*
	an:	**an einen** See, **an Herrn** Meier	**am** Bahnhof, **an der** Kasse
	auf:	Der Räuber floh **auf die** Straße.	**auf der** Post, **auf dem** Postamt
	hinter:	Er fährt **hinter das** Haus.	Er parkt **hinter dem** Haus.
	in:	Kommst du mit **in die** Stadt, **ins** Kino, **in den** Film?	**in der** Nähe der Universität **im** Inland, **im** Ausland, **in der** Schweiz
	neben:	Setzen Sie sich **neben ihn**.	**neben der** Bank, **neben dem** VW-Bus
	über:	Wir fliegen **über den** Atlantik.	**über dem** Meer, **über** München
	unter:	Er geht **unter die** Dusche.	**unter dem** Tisch, **unter** Wasser

111

vor: Der Wagen fuhr **vor die** Bank.	**vor dem** Kino; **vor einer** Bank
zwischen: Er setzt sich **zwischen die** Stühle.	**zwischen** Elbe und Oder

Beachten Sie: am = an dem
im = in dem

Raum

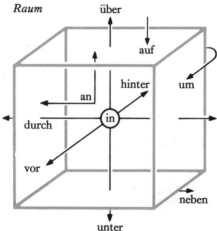

7.3.2   *wann? (nur mit Dativ)*

an: **am** Abend; **am** 3. Mai; **an einem** Sonntag

in: **in der** Nacht; **im** Jahre 1970. Er kommt **in** 14 Tagen, **in einem** Monat. **Im** Unterricht wird deutsch gesprochen.

vor: Er kam **vor einer** Woche. **Vor dem** Krieg war die Arbeitszeit länger

zwischen: **zwischen dem** zweiten und fünften März.

7.4   Präpositionen mit Genitiv (oder Dativ)

7.4.1   *trotz:*   Er geht **trotz des** Regens (trotz dem Regen) spazieren.

während: **Während des** Semesters (während dem Semester) bleibt er in Köln.

wegen: Sie fährt **wegen ihrer** Mutter nach Haus.

statt: **Statt** Blumen: einen Reiseführer. **Statt eines** Buches . . .

7.5   Verben mit Präposition

7.5.1   *denken an:* **Denk an den** Winter!

danken für: Vielen **Dank für deine** Einladung.

meinen über: Was **meinen** die Deutschen **über sich** selbst?

antworten auf: **Antworten** Sie bitte **auf meine** Frage.

sich umhören bei / unter: **Hören** Sie **sich bei (unter)** Ihren Freunden **um.**

Verben zu 7.5.1:

abhängen von	sich erkundigen nach	reden über, von
anfangen mit	fragen nach	schreiben an, über, von
antworten auf	sich freuen auf, über	sich sorgen um
arbeiten an, für, mit	halten für, von	sorgen für
aussagen über	helfen bei	sprechen über, von
beginnen mit	hoffen auf	sich streiten über, mit
bekannt machen mit	hören auf	sich verabschieden von
bitten um	leiden an, unter	sich verheiraten mit
brauchen für, zu	liegen an	sich verlieben in
danken für	machen mit, aus	sich verloben mit
denken an, über	glauben an	vergleichen mit
diskutieren über	meinen über, von	vermieten an
einladen zu	mitwirken an	sich verstehen mit
einverstanden sein mit	nachdenken über	zwingen zu

8.0 werden

8.1 werden als Hauptverb

8.1.1 Wie **wird** wohl das Wetter?
Sie **wird** immer schöner.
Das **wird** bestimmt interessant für Sie.
Er **wurde** Arzt.
Die Städte **sind** zum Problem **geworden**.

8.2 werden + Infinitiv (Vermutung, Absicht, Futur)

8.2.1 *Vermutung:* Es **wird** wohl **regnen**.
Absicht: Wir **werden** morgen an die Mosel **fahren**.
Futur: Er **wird** in Köln **studieren**.
Was **wird** in 10 Jahren **sein**?
Das Auto **wird** in den nächsten 10 Jahren etwas besser **werden**.

8.3 werden + Partizip Perfekt (Passiv)

8.3.1 *Präsens*

Der Brief **wird** gerade **geschrieben**.
Wohnungen **werden abgerissen**. Statt dessen **werden** neue Banken, Büros und Kaufhäuser **gebaut**.
Die Briefe **müssen** noch heute **aufgegeben werden**.

8.3.2	*Präteritum*

Die Pakete **wurden** schon gestern **zugestellt**.
Der Mann **wurde** von einem Auto **verletzt**.
Er **mußte** sofort **operiert werden**.

8.3.3	*Perfekt*

Das Paket **ist** gerade **gebracht worden**.
Der Mann **ist** vor einer Stunde **operiert worden**.
Die Stadt **ist** im Krieg fast völlig **zerstört worden**.

8.4	**Zustandspassiv (sein + Partizip Perfekt)**

8.4.1 Das Café wurde letzte Woche geschlossen. Es **ist geschlossen**.
Der Mann wurde gestern operiert. Er **ist** seit gestern **operiert**.
Der Brief wurde eingeschrieben. Er **ist eingeschrieben**.

Präsens:	Der Mann	**wird**	sofort	**operiert.**
		muß		**operiert werden.**
Präteritum:	Der Mann	**wurde**	sofort	**operiert.**
		mußte		**operiert werden.**
Perfekt:	Der Mann	**ist**	sofort	**operiert worden.**
		hat		**operiert werden müssen.**
Zustandspassiv:	Der Mann	**ist**	seit gestern	**operiert.**

9.0	**Zeitangaben**

9.1	**Adverbiale Zeitangaben**

9.1.1 Wann kommst du? **Morgen abend!**
Früher war alles ganz anders.
Wohin fahrt ihr? **Erst** nach Bonn, **dann** in die Eifel.
Wann möchten Sie fliegen? **Ende nächster Woche.**

9.2	**Präpositionale Zeitangaben**

9.2.1 *an:* **am** Morgen, **am** Samstag, **am** 19. 3.
seit: **seit dem** Krieg, **seit einem** Jahr, **seit** gestern, **seit** wann?
in: **im** Januar, **in dieser** Woche, **in einem** Jahr, **in** Kürze
bis: **bis** morgen, **bis bald**, **bis nächstes** Jahr, **bis zum** Abend
vor: **vor der** Arbeit, **vor dem** Unterricht, **vor dem** Essen, kurz **vor 8**
während: **während der** Arbeit, **während des** Essens, **während des** Urlaubs
nach: **nach** 1945, **nach dem** Krieg, **nach der** Arbeit

Übersicht

vorgestern — *gestern* — *heute* — *morgen* — *übermorgen*		
letzte Woche	diese Woche	nächste Woche
vor einer Woche	**in** dieser Woche	**in (nach)** einer Woche
vor einem Monat	**in** diesem Monat	**in (nach)** einem Monat
vor einem Jahr	**in** diesem Jahr	**in (nach)** einem Jahr
seit einer Woche ⊢————————→⊢————————→ **bis** nächste Woche		
usw.		*usw.*

früher — *jetzt* — *später*
vorher ←————————┼————————→ nachher
kürzlich — gerade, eben — jetzt — gleich, sofort — bald (in Kürze)

vor dem Unterricht	**während** des Unterrichts	**nach** dem Unterricht
vor der Arbeit	**während** der Arbeit	**nach** der Arbeit *usw.*

9.3 Zeitenfolge (Plusquamperfekt + Präteritum)

9.3.1 Sechs Ziegen **hatte** der Bauer schon **verloren**. Jetzt **hatte** er nur noch eine. Als er einmal **vergessen hatte**, das Fenster zu schließen, **sprang** sie hinaus. Wie der Bauer **vorhergesagt hatte, kam** der Wolf und **fraß** sie auf.

9.4 Nebensätze (Übersicht)

9.4.1 *Temporalsätze*

als: **Als** Pedro gerade gehen will, trifft er seine Zimmerwirtin.
Als der Krieg vorbei war, hatten viele keine Wohnung.
bevor: Lies den Vertrag, **bevor** du ihn unterschreibst.
bis: Das gilt für alle Ausländer, solange **bis** sie sich kennen.
nachdem: **Nachdem** der Bauer 6 Ziegen verloren hatte, ...
seitdem: **Seitdem** wir einen neuen Tarifvertrag haben, ...
während: **Während** Sie sich entspannen, fährt Intercity Hunderte von Kilometern.
wenn: **Wenn** früher der Abend kam, **wenn** man seine Arbeit hinter sich hatte, ...

9.4.2 *Objektsätze*

daß: Wissen Sie schon, **daß** die Arbeiter streiken wollen?
Sorgen Sie **dafür, daß** er das Bein ruhig hält.

9.4.3 *Subjektsatz*

daß: Die Gefahr ist, **daß** die Armen noch ärmer werden.

115

9.4.4   *Kausalsätze*

    weil: Warum kommt er denn nicht? **Weil** er krank ist.
    da: Sie schenkten ihm das Vertrauen, **da** er es verstanden hatte, ...
    damit: **Damit** der soziale Frieden erhalten bleibt.

9.4.5   *Bedingungssätze*

    wenn: **Wenn** Sie mit Schecks zahlen wollen, brauchen Sie ein Girokonto.
           Wenn die Löhne steigen, dann steigen auch wieder die Preise.

9.4.6   *Indirekte Fragesätze*

    ob: Er weiß nicht, **ob** er in Köln bleiben soll.
    wann: Er fragt, **wann** wir nach Italien fahren.
    was: Wir standen vor der Frage, **was** von der Ziege zu halten sei.
    wie: Es hängt davon ab, **wie** der Verkehr ist.
          Sie fragt, **wie lange** er in Köln bleiben wird.

9.4.7   *Relativsätze (siehe unter 5.4, S. 108 und unter 14.5, S. 126)*

9.5   **Die Wortstellung in Nebensätzen** *(vgl. 13.2)*

    Er kommt nicht.   Er ist krank.
    Warum kommt er denn nicht?   **Weil** er krank **ist**.
    Die Arbeiter wollen streiken.   Wissen Sie das?
    Wissen Sie, **daß** die Arbeiter streiken **wollen**?

9.6   **Infinitivsätze**

    Es ist wichtig, dabei **mitzuarbeiten**.
    Er gab an, das nicht **getan zu haben**.
    Es ging darum, mehr Futter **durchzusetzen**.

10.0   **Konjunktiv**

10.1   **Konjunktiv I**

10.1.1   *Indirekte Rede*

    Er sagt, es **sei** sehr schön gewesen. („Es war sehr schön.")
    Er sagt, es **habe** ihm gut gefallen. („Mir hat es gut gefallen.")
    Er versprach, er **werde** tun, was in seinen Kräften **stehe**.
    Die Radikalen meinten, er **solle** mal richtig draufhauen. („Hau mal richtig drauf!")
    Er meint, man **könne** gut baden, **müsse** sich aber an das kalte Wasser gewöhnen.

Konjunktiv I

	haben	sein	werden	können	sollen	kommen
ich	habe	sei	werde	könne	solle	komme
du	habest	seist	werdest	könnest	sollest	kommest
er						
sie }	habe	sei	werde	könne	solle	komme
es						
wir	haben	seien	werden	können	sollen	kommen
ihr	habet	seiet	werdet	könnt	sollt	kommt
sie }						
(Sie) }	haben	seien	werden	können	sollen	kommen

Ebenso: dürfen – er dürfe, *fahren –* er fahre, *geben –* er gebe *usw.*

10.2 Konjunktiv II

10.2.1 *Höfliche Anrede, Frage oder Aufforderung*

Ich **hätte** gern eine Auskunft.
Was **käme** für Sie in Frage?
Würden Sie das bitte unterschreiben?

10.2.2 *Bedingungsgefüge (Konditional)*

Ich dachte, ich **könnte** als Dolmetscher arbeiten. (**Wenn** das möglich ist.)
Das beste **wäre**, du **würdest** zum Arbeitsamt gehen. (**Wenn** du Arbeit suchst.)
Wenn ich du **wäre**, **würde** ich dort mal hingehen.

Konjunktiv II

	haben	sein	werden	können	sollen	kommen
ich	hätte	wäre	würde	könnte	sollte	käme
du	hättest	wärst	würdest	könntest	solltest	kämst
er						
sie }	hätte	wäre	würde	könnte	sollte	käme
es						
wir	hätten	wären	würden	könnten	sollten	kämen
ihr	hättet	wärt	würdet	könntet	solltet	kämt
sie }						
(Sie) }	hätten	wären	würden	könnten	sollten	kämen

Beachten Sie: 1. *wollen* und alle schwachen Verben werden wie *sollen* konjugiert.
2. Alle Hauptverben können mit *würde* umschrieben werden.

11.0 Adjektive

11.1 Formen des Adjektivs (Komparation)

11.1.1 *Positiv*

Gut! Sehr **schön! Vielen** Dank! **Ausgezeichnet!**
Ist das Zimmer noch **frei?** Wie **hoch** ist die Miete?

11.1.2 *Komparativ*

Wie wollen Sie das Haar geschnitten haben? **Kürzer**, aber nicht zu kurz.
Das ist **schöner, besser, billiger.**

11.1.3 *Superlativ*

Das hier ist **der neueste** und **modernste** Apparat.
Was hätten Sie denn gern? **Am liebsten** einen leichten Rotwein.
Das ist **der beste** Wein, den wir haben.

Positiv	Komparativ	Superlativ	
		attributiv	*prädikativ*
schön	schöner	der/die/das schönste	am schönsten
billig	billiger	der/die/das billigste	am billigsten
teuer	teurer	der/die/das teuerste	am teuersten
alt	älter	der/die/das älteste	am ältesten
groß	größer	der/die/das größte	am größten
kurz	kürzer	der/die/das kürzeste	am kürzesten
hoch	höher	der/die/das höchste	am höchsten
nah	näher	der/die/das nächste	am nächsten
gut	besser	der/die/das beste	am besten
gern	lieber	der/die/das liebste	am liebsten
viel	mehr	der/die/das meiste	am meisten

11.2 Adjektive (und Partizipien) als Ergänzung des Prädikats

11.2.1

Wie **teuer** ist das Zimmer? 200 Mark. Das ist mir **zu teuer.**
Das Stück ist **sehr gut.** Die Aufführung soll **ausgezeichnet** sein.
Die Gefahr ist, daß die Armen immer **ärmer** und die Reichen immer
reicher werden. **Besser** ist, Sie hören sich um.
Die Meinung über die BRD ist nicht immer **die beste.**

11.2.2

Die jungen Leute antworteten auf die Frage, wo man **am besten** ißt, wo die
Landschaft **am schönsten** ist und wo es sich **am angenehmsten** leben läßt.

11.3   Adjektive (und Partizipien) als Attribut

11.3.1   *mit unbestimmtem Artikel*

Ein guter Platz, **ein interessantes** Stück, **eine ausgezeichnete** Aufführung; **ein kleines Dunkles** und **ein großes Helles** (Bier)

11.3.2   *mit bestimmtem Artikel*

Das liebenswerteste Land in den Augen **der jungen** Leute ist Holland.
10 Länder erhielten **im letzten** Jahr **von den jungen** Leuten Zensuren.
Die Liste **der landschaftlich schönsten** Länder führt die Schweiz an.

11.3.3   *ohne Artikel*

Zehn **europäische** Länder; **erster** Rang, **zweite** Reihe; **letzte** Woche
Moderne Zeiten; **teure** Plätze, 20000 **junge** Leute
Was möchten Sie, **Roten** oder **Weißen** (Wein)?

Deklination der Adjektive

	maskulin		Singular neutrum		feminin	
Nominativ:	der leichte	Wein	das helle	Bier	die gute	Limonade
	ein leichter	Wein	ein helles	Bier	eine gute	Limonade
	leichter	Wein	helles	Bier	gute	Limonade
Akkusativ:	den leichten	Wein	das helle	Bier	die gute	Limonade
	einen leichten	Wein	ein helles	Bier	eine gute	Limonade
	leichten	Wein	helles	Bier	gute	Limonade
Dativ:	dem leichten	Wein	dem hellen	Bier	der guten	Limonade
	einem leichten	Wein	einem hellen	Bier	einer guten	Limonade
	leichtem	Wein	hellem	Bier	guter	Limonade
Genitiv:	des leichten	Weins	des hellen	Biers	der guten	Limonade
	eines leichten	Weins	eines hellen	Biers	einer guten	Limonade
	leichten	Weins	hellen	Biers	guter	Limonade
			Plural			
Nom./Akk.:	die leichten	Weine	die hellen	Biere	die guten	Limonaden
	leichte	Weine	helle	Biere	gute	Limonaden
Dativ:	den leichten	Weinen	den hellen	Bieren	den guten	Limonaden
	leichten	Weinen	hellen	Bieren	guten	Limonaden
Genitiv:	der leichten	Weine	der hellen	Biere	der guten	Limonaden
	leichter	Weine	heller	Biere	guter	Limonaden

11.4 Vergleich – Vergleichssatz

11.4.1   *wie:* **Wie** alt ist er? **So** alt **wie** Sie.
Europa, **wie** es die Jugend sieht.
Seine Berechnungen gingen immer **so** aus, **wie** der Chef vorgerechnet hatte.

11.4.2   *als:* Die jungen Leute glauben, in Großbritannien lasse es sich **besser** leben
als in Holland, Frankreich oder Schweden.
In der Bundesrepublik, meinten sie, müßte man **mehr** arbeiten,
als in irgendeinem anderen europäischen Land gearbeitet würde.

11.5 Adverbien des Grades

11.5.1   *fast (beinahe):* **Fast** 500 verschiedene Antworten gaben die Rundfunkhörer.
ganz: Ich sage es **ganz** offen . . .
kaum: Für 100 Mark bekommt man **kaum** noch ein Zimmer.
nur: Mein Wagen stand **nur** ein paar Minuten da.
sehr: **Sehr** gern, **sehr** schön. Das ist **sehr** viel.
ungefähr: Ich habe die Uhr **ungefähr** ein halbes Jahr.
ziemlich: Ich habe **ziemlich** großen Durst.
zu: Das ist **zu** klein, **zu** teuer.
höchstens: Das Zimmer darf **höchstens** 120 Mark kosten.
mindestens: Sie müssen mit soviel **mindestens** rechnen.
meist(ens): Es sind **meist** nur Vorurteile . . .

12.0 Zahlwörter

12.1 **Kardinalzahlen**	12.2 **Ordinalzahlen**	12.3 **Distributive Zahlwörter**
Wie viele?	*Der wievielte?*	*In welcher Reihenfolge?*
1 eins	der **erste**	**erstens**
2 zwei	der zweite	zweitens
3 drei	der **dritte**	**drittens**
4 vier	der vierte	viertens
5 fünf	der fünfte	fünftens
6 sechs	der sechste	sechstens
7 sieben	der **siebte**	**siebtens**
8 acht	der achte	achtens
9 neun	der neunte	neuntens
10 zehn	der zehnte	zehntens
11 elf	der elfte	elftens
12 zwölf	der zwölfte	zwölftens

13 dreizehn	der dreizehnte	dreizehntens
14 vierzehn	der vierzehnte	vierzehntens
15 fünfzehn	der fünfzehnte	fünfzehntens
16 **sechzehn**	der **sechzehnte**	**sechzehntens**
17 **siebzehn**	der **siebzehnte**	**siebzehntens**
18 achtzehn	der achtzehnte	achtzehntens
19 neunzehn	der neunzehnte	neunzehntens
20 zwanzig	der zwanzigste	zwanzigstens
21 **ein**undzwanzig	der **ein**undzwanzigste	**ein**undzwanzigstens
30 dreißig	der dreißigste	dreißigstens
40 vierzig	der vierzigste	vierzigstens
50 fünfzig	der fünfzigste	fünfzigstens
60 **sechzig**	der **sechzigste**	**sechzigstens**
70 **siebzig**	der **siebzigste**	**siebzigstens**
80 achtzig	der achtzigste	achtzigstens
90 neunzig	der neunzigste	neunzigstens
100 (ein)hundert	der hundertste	
1 000 (ein)tausend	der tausendste	
1 000 000 eine Million	der millionste	

Beachten Sie: Frankfurt, den 1. 5. 1974 = Frankfurt, den ersten *(Tag)*
Fünften *(Monat)* neunzehnhundertvierundsiebzig *(Jahr)*

12.4   Wiederholungszahlen

12.4.1   *Wie oft?*

einmal, zweimal, dreimal, viermal, fünfmal, sechsmal, siebenmal,
hundertmal, tausendmal
einigemal, manchmal, mehrmals, niemals, oftmals

12.5   Vervielfältigungszahlen

12.5.1   *Wievielfach?*

einfach, zweifach (doppelt), dreifach, vierfach, fünffach, sechsfach, siebenfach,
achtfach, neunfach, zehnfach, elffach, zwölffach, hundertfach usw.
mehrfach, vielfach

12.6   Bruchzahlen

12.6.1   *Der wievielte Teil?*

$\frac{1}{1}$ ein Ganzes (ganz), $\frac{1}{2}$ ein Halbes, eine Hälfte (halb), $\frac{1}{3}$ ein Drittel,

$\frac{1}{4}$ ein Viertel, $\frac{1}{5}$ ein Fünftel, $\frac{1}{7}$ ein Siebtel, $\frac{1}{10}$ ein Zehntel,

$\frac{1}{100}$ ein Hundertstel, $\frac{1}{1000}$ ein Tausendstel, $1\frac{1}{2}$ eineinhalb (anderthalb)

121

12.7 Unbestimmte Zahlangaben

12.7.1 *Nicht flektiert:* etwas, genug (genügend), mehr, viel, wenig

etwas Zeit, etwas Geld, etwas Modernes
genug Zeit, genug Geld, genug Brot
mehr Zeit, mehr Geld, mehr Lohn
viel Zeit, viel Geld, viel Arbeit
wenig Zeit, wenig Geld, wenig Energie

12.7.2 *flektiert:* alle, einige, mehrere, viele, wenige

Laß dir mehrere Geräte zeigen.
Vielen Dank. Das ist die Ansicht vieler (von vielen).

N/A		einige	manche	viele	mehrere	alle
D	(von)	einigen	manchen	vielen	mehreren	allen
G		einiger	mancher	vieler	mehrerer	aller

Ebenso: etliche, sämtliche

N/A		die wenigen	die vielen
D	(von)	den wenigen	den vielen
G		der wenigen	der vielen

12.8 Maße und Gewichte

1 m	= ein Meter	0°	= Null Grad
1,50 m	= ein Meter fünzig	+ 5°	= fünf Grad über Null
1 cm	= ein Zentimeter	− 5°	= fünf Grad unter Null
5 cm	= fünf Zentimeter	1 g	= 1 Gramm
1 mm	= ein Millimeter	125 g	= hundertfünfundzwanzig Gramm
1 qm	= ein Quadratmeter		(ein viertel Pfund)
1 cbm	= ein Kubikmeter	500 g	= fünfhundert Gramm
1 km	= ein Kilometer		(ein Pfund = ein halbes Kilo)
100 km	= hundert Kilometer	1 kg	= ein Kilo(gramm) = zwei Pfund
1 sec	= eine Sekunde	50 kg	= fünfzig Kilo = ein Zentner
1 min	= eine Minute	1000 kg	= tausend Kilo = eine Tonne
10 m/sec	= zehn Meter pro Sekunde	1 l	= ein Liter
		1 hl	= ein Hektoliter = hundert Liter
50 km/h	= fünfzig Kilometer pro Stunde	5 %	= fünf Prozent
		0,8 ‰	= null Komma acht Promille

13.0 Stellung des Verbs

13.1 Hauptsätze

13.1.1 *Imperativ* (Erststellung des Prädikats)

	P 1		P 2
Warten	Sie!		
Ruf	mich doch	an!	

13.1.2 *Entscheidungsfragen* (Erststellung des Prädikats)

| Wollen | Sie hier | arbeiten? | Nein,... |
| Habt | ihr noch lange | gefeiert? | Ja, ... |

13.1.3 *Ergänzungsfragen* (Zweitstellung des Prädikats)

| Wo | wohnen | Sie zur Zeit? | |
| Wie lange | willst | du hier | bleiben? |

13.1.4 *Aussagesätze* (Zweitstellung des Prädikats)

| Sie | drohten | mit Maschinenpistolen, | |
| dann | nahmen | sie die Geldtaschen | mit. |

13.1.5 *Mit den Konjunktionen* **aber, denn, oder, sondern, und**

Ich	muß	noch zum Frisör,	
denn ich	möchte	heute ins Theater	gehen.
Man	ging	ins Kino,	
oder man	hat	in Ruhe zu Hause	gegessen.

13.2 Haupt- und Nebensätze

13.2.1 *zuerst Hauptsatz, dann Nebensatz*

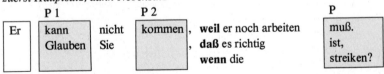

	P 1		P 2		P
Er	kann	nicht	kommen	, **weil** er noch arbeiten	muß.
	Glauben	Sie		, **daß** es richtig	ist,
				wenn die	streiken?

13.2.2 *zuerst Nebensatz, dann Hauptsatz*

	P		P 1			P 2
Weil er arbeiten	muß	,	kann	er	nicht	kommen.
Als es vorbei	war	,	hatten	viele	keine Wohnung.	
Wenn Sie	wollen	,	können	Sie	ein Konto	eröffnen.

14.0 Stellenpläne: Das Verb (V) und seine – notwendigen – Ergänzungen (E)

14.1 ohne Ergänzung

V + Nominativ (N)	Der Räuber floh.	

14.2 mit Prädikatsergänzung

14.2.1	*V + N + Nominativ − E*	Er ist	Ausländer.
14.2.2	*V + N + Art − E*	Der Tisch ist	groß.
14.2.3	*V + N + Temporal − E*	Es wurde ziemlich	spät.
14.2.4	*V + N + Lokal − E*	Ist er (schon)	in Köln?

14.3 mit Objekten als Ergänzung

14.3.1	*V + N + Akkusativ*	Die Polizei fand	den Mann.	
14.3.2	*V + N + Dativ*	Das Haus gehört	mir.	
14.3.3	*V + N + Präp.*	Sorgen Sie	dafür, …	
14.3.4	*V + N + Dat. + Akk.*	Gibst du	ihm	die Kamera?
14.3.5	*V + N + Akk. + Präp.*	Der Fremde bittet	mich	um Auskunft.
14.3.6	*V + N + Dat. + Präp.*	Ich danke	Ihnen	für die Einladung.
14.3.7	*V + N + Präp. + Präp.*	Er verabredete sich	mit zwei Bekannten	zu einem Ausflug.

Verben zu 14.1:   lachen, schimpfen, schlafen, schweigen;
es eilt, es klappt, es regnet, es schneit usw.

Verben zu 14.2.1: sein, bleiben, werden, heißen

Verben zu 14.2.2: sein, bleiben, scheinen, sich verhalten, wirken

Verben zu 14.2.3: sein, bleiben, dauern

Verben zu 14.2.4: sein, bleiben, leben, liegen, sitzen, stehen, wohnen usw.

Verben zu 14.3.1: abschicken, ausfüllen, beantragen, begreifen, begründen, belehren, bezahlen, brauchen, fragen, haben, lesen, machen, nehmen, schreiben, umtauschen, unterschreiben, verlieren, verstehen, waschen, zustellen usw.

Verben zu 14.3.2: antworten, entsprechen, gefallen, gratulieren, helfen, schaden, schmecken, vertrauen usw.

Verben zu 14.3.3: anfangen mit, denken an, diskutieren über, gelten für, rechnen mit usw.

Verben zu 14.3.4: bringen, erklären, geben, sagen, schenken, schicken, versprechen, wünschen, zeigen usw.

Verben zu 14.3.5: bekannt machen mit, bitten um, vergleichen mit, vermieten an, zwingen zu usw.

Verben zu 14.3.6: berichten über, danken für, helfen bei usw.

Verben zu 14.3.7: sprechen mit jemandem über, sich bedanken bei jemandem für usw.

14.4 Freie – nicht notwendige – Glieder im Satz

14.4.1 *Angaben (wann? wo? wie? warum?)*

Temporalang.:	Er besucht mich (**Ende nächster Woche**).
	(**Ende nächster Woche**) besucht er mich.
Lokalangabe:	Das Fahrzeug wurde (**in der Nähe**) gefunden.
Modalangabe:	Sie stoppten den Wagen (**mit vorgehaltener Pistole**).
Kausalangabe:	(**Darum**) geschah der Ziege recht.

14.4.2 *Attribute (was für ein? welcher?)*

Adjektiv:	Der (**50jährige**) Bankräuber hat sich aufgeregt.
Adverb:	Setzen wir uns an den Tisch (**dort**)!
Genitiv:	Der Fahrer (**eines Personenwagens**) mußte anhalten.
Präpositional:	Die Autos haben sich zu Herren (**über die Menschen**) gemacht.
Relativsatz:	Ein roter Fiat parkte neben dem VW-Bus (, **der gerade beladen wurde**).

SATZBAUPLAN

14.5

Der Satzbauplan zeigt einen komplizierten Satz, der aus dem Prädikat und notwendigen und nicht notwendigen Ergänzungen besteht. Der ganze Satz heißt:

Nach dem Überfall zwang der Mann, der 32000 Mark erbeutete, den Fahrer eines Personenwagens, der an der Ampel hielt, mit vorgehaltener Pistole, ihn mitzunehmen.

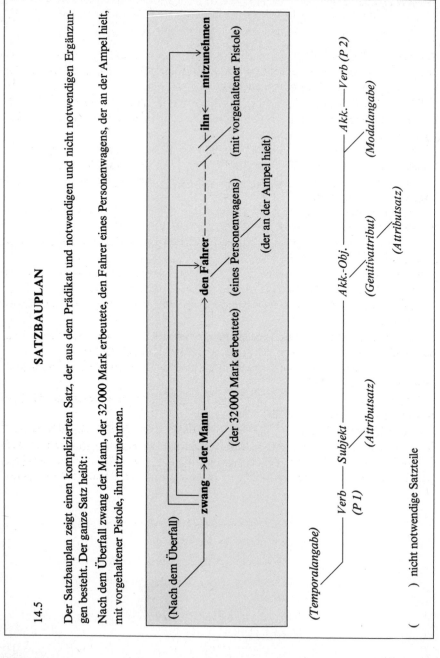

(Nach dem Überfall)

zwang → der Mann → den Fahrer → ihn ← mitzunehmen

(der 32000 Mark erbeutete) (eines Personenwagens) (mit vorgehaltener Pistole)

(der an der Ampel hielt)

(Temporalangabe) ——— Verb ——— Subjekt ——————— Akk.-Obj. ——————— Akk. ——— Verb (P 2)
              (P 1)   (Attributsatz)   (Genitivattribut)   (Modalangabe)

(Attributsatz)

( ) nicht notwendige Satzteile

Wörterverzeichnis

Das Wörterverzeichnis enthält unter etwa 1200 Stichwörtern etwa 1400 Bedeutungen mit Beispielen aus dem Lehrbuch. Wörter aus Deutsch als Fremdsprache I A werden nur wiederholt, wenn sie neue Bedeutungen (Semanteme) enthalten.

Die halbfette Zahl hinter dem Wort oder Satz zeigt die Lektion, die magere Zahl nach dem Komma die Seite im Buch an: ab und zu **3**, 20: „ab und zu" kommt in Lektion 3 auf Seite 20 vor.

Die Betonung zwei- oder mehrsilbiger Stichwörter wird durch einen Akzent (ˈ) gekennzeichnet; betont wird die dem Akzent folgende Silbe (ˈabbiegen; Abiˈtur).

Nach dem Schrägstrich (/) wird die Endung des Substantivs im Nominativ Plural angegeben (die Ampel/*n*).

Bindestrich nach dem Schrägstrich gibt an, daß der Nominativ Plural die gleiche Form hat wie der Singular (der Absender/–: der Absender, die Absender).

Steht nach dem Substantiv weder Schrägstrich noch Bindestrich, hat das Substantiv keine Pluralform (der Abschied).

Bei umlautenden Pluralendungen steht nach dem Schrägstrich erst der Umlaut des Stammvokals und nach ihm die Pluralendung (das Amt /*ä-er:* die *Ä*mter).

Von Adjektiven werden die unregelmäßigen Steigerungsformen aufgeführt (frei / freier / am freiesten).

Bei den starken Verben folgen Präteritum, Perfekt und bei Umlaut, anschließend an den Infinitiv, die 3. Person Singular Präsens (fallen (fällt), fiel, ist gefallen).

Trennbarkeit der Partikel in unfesten Verbzusammensetzungen wird durch | bezeichnet (*ab*|biegen: ich biege . . . *ab*).

Auf das Gegenwort (Antonym) zu Substantiv, Adjektiv und Adverb weist der Pfeil (→) hin (die Jugend → das Alter; häufig → selten; innen → außen).

Das Wörterverzeichnis stützt sich auf das Werk: Heinz Oehler, Grundwortschatz Deutsch – Essential German – Allemand fondamental, Ernst Klett Verlag, Stuttgart, und auf die Wortliste von H. Steger und M. Keil zum „Zertifikat Deutsch als Fremdsprache", hrsg. v. Deutschen Volkshochschulverband in Zusammenarbeit mit dem Goethe-Institut.

A

ab und zu 3, 20

'ab|bauen

Zölle werden abgebaut. **9**, 57

'ab|biegen, bog . . . ab, ist 'abgebogen

An der Kreuzung biegen Sie links ab. **7**, 43

das 'Abendessen /– 2, 18

'abends → morgens **6**, 36

'ab|fliegen, flog . . . ab, ist 'abgeflogen

Wann wird die Maschine abfliegen? **1**, 11

'ab|gehen, ging . . . ab, ist 'abgegangen

Wann geht die Maschine hier ab? **1**, 10

'ab|hängen, hing . . . ab, hat 'abgehangen

Das hängt davon ab, wie der Verkehr
ist. **7**, 42

Suchen Sie die Verben, von denen diese
Sätze abhängen. **11**, 68

das Abi'tur 12, 71

'ab|legen

Ich legte das Examen ab. **12**, 71

die 'Abreise /n 3, 21

'ab|reißen, riß . . . ab, hat 'abgerissen

Wohnungen werden abgerissen. **8**, 52

'ab|schaffen

Das Auto abschaffen? **7**, 46

'ab|schicken

ein Paket abschicken **8**, 50

der 'Abschied

ein Abschied für zwei Jahre **2**, 9

das 'Abschiedsfest /e 2, 16

die 'Abschiedsparty /s

Kannst du zu meiner Abschiedsparty
kommen? **2**, 9

**'ab|schneiden, schnitt . . . ab, hat
'abgeschnitten**

Das Räuberauto schnitt dem Geldtransport den Weg ab. **5**, 34

der 'Absender /– 1, 9

(sich) 'ab|spielen

Das spielte sich in wenigen Sekunden
ab. **5**, 34

'ab|stimmen

Dann stimmten wir ab. **10**, 62

'achtbar

ein achtbarer dritter Rang **13**, 78

der Adres'sat /en 9, 55

die A'dresse /n 1, 11

adres'sieren

einen Brief adressieren **8**, 48

die Akti'on /en 12, 73

die Aktuali'tät /en 3, 23

der Ak'zent /e

Roberto sagt es fast ohne jeden
Akzent. **14**, 84

'alle → keine

alle Ausländer **1**, 12

alt, 'älter, am 'ältesten → jung

Der Mann war 50 Jahre alt. **5**, 35

das 'Altenheim /e 8, 52

das 'Alter 12, 71

der 'Altersaufbau 12, 72

die 'Alterspyramide 12, 72

die 'Ampel /n 5, 35

das Amt /ä-er

das Amt für öffentliche Ordnung **6**, 37

das Arbeitsamt **11**, 64

'anders

Früher war alles ganz anders. **2**, 18

'an|fahren, fuhr . . . an, ist 'angefahren

Als der Geldtransport anfuhr, schnitt ihm
das Räuberauto den Weg ab. **5**, 34

'anfällig

anfällig gegen Reparaturen **14**, 80

der 'Anfang /ä-e

am Anfang der Woche **4**, 27

'an|führen
Die Liste der schönsten Länder führt die Schweiz an. **13**, 78

die 'Angabe /n **3**, 22

'an|geben (gibt . . . an), gab . . . an, hat 'angegeben
Er gab an: ich habe das nicht gewollt. **11**, 69
die angegebenen Wörter **1**, 10

das 'Angebot /e **4**, 25
Wir haben mehrere Angebote. **11**, 65

der 'Angehörige /n
die Angehörigen einer Nation **1**, 12

'angenehm
Wo läßt es sich am angenehmsten leben? **13**, 78

der 'Angestellte /n **4**, 24

'angrenzen
angrenzende Staaten **3**, 22

die Angst /ä-e
Angst um den Arbeitsplatz **15**, 88

'an|kommen, kam . . . an, ist 'angekommen
Wann kommt die Maschine an? **1**, 9
Das kommt darauf an. **10**, 58

'an|kreuzen
Kreuzen Sie bitte das richtige Wort an! **14**, 85

'an|kündigen
der angekündigte Brief **9**, 55

die 'Ankunft
Ankunft in Frankfurt, Sonntag, 13.00 Uhr **1**, 9

'an|melden
Sie müssen sich noch anmelden! **4**, 27

das 'Anmeldeformular /e **3**, 23

'an|nehmen (nimmt . . . an), nahm . . . an, hat 'angenommen
eine Arbeit annehmen **11**, 64

die An'nonce /n **4**, 25

'an|rempeln
Ein junger Mann rempelt den Italiener an. **14**, 84

der 'Anruf /e
ein Telefonanruf **2**, 18

die 'Anschaffung /en
die Anschaffung eines Tonbandgerätes **14**, 80

'an|schauen
Schauen Sie sich das Zimmer an! **4**, 25

(sich) 'an|schließen, schloß (sich) . . . an, hat (sich) 'angeschlossen
Drei Länder schlossen sich der EG an. **9**, 57

die 'Anschrift /en **9**, 55

das 'Ansehen **15**, 88

die 'Ansicht /en
nach Ansicht der Hörer **1**, 13

der 'Anspruch /ü-e
Ihr habt die gleichen Ansprüche wie die anderen. **10**, 60

'an|steigen, stieg an, ist 'angestiegen
das Ansteigen der Bevölkerungszahl **12**, 72

der 'Anteil /e **6**, 38

der 'Antrag /ä-e **6**, 37

der 'Antragsteller /– **6**, 37

'an|treiben, trieb . . . an, hat 'angetrieben
Maschinen werden mit elektrischer Energie angetrieben. **4**, 29

das 'Anzeichen /– **12**, 73

die 'Anzeige /n **4**, 24

das Apparte'ment /s **4**, 25

der 'Arbeitnehmer /– **6**, 38

'arbeitsam
Arbeitsam, intolerant und gründlich sind typische Merkmale. **1**, 12

das ˈArbeitsamt /ä-er **11**, 64
ˈarbeitslos **1**, 13
die ˈArbeitszeit /en
Die Arbeitszeit wurde verkürzt.
10, 59
ˈärztlich
jemanden ärztlich behandeln **5**, 34
asphalˈtieren **7**, 46
der ˈAufenthalt **6**, 37
die ˈAufenthaltserlaubnis /se **6**, 37
Sie brauchen eine
Aufenthaltserlaubnis. **14**, 87
ˈauf|finden, fand . . . auf, hat
ˈaufgefunden
Das Fahrzeug wurde in der Nähe des
Flughafens aufgefunden. **5**, 34
ˈauf|fordern
Man forderte ihn auf, die Zähne zu
zeigen. **11**, 68
ˈauf|fressen (frißt . . . auf), fraß . . . auf,
hat ˈaufgefressen
Der Wolf fraß die Ziegen auf. **10**, 62
die ˈAufführung /en
Die Aufführung soll ausgezeichnet
sein. **13**, 74
ˈauf|geben (gibt . . . auf), gab . . . auf, hat
ˈaufgegeben
Er gibt ein Inserat in der Zeitung auf.
4, 25
ein Paket aufgeben **8**, 49
ˈauf|hören
Ich muß jetzt aufhören zu telefonieren. **2**, 18
ˈauf|legen
Soll ich einen Tango auflegen? **2**, 14
ˈauf|nehmen, nahm . . . auf, hat ˈaufge-
nommen
Wann nehmen Sie die Arbeit auf? **1**, 10

(sich) ˈauf|regen
Der Räuber regte sich bei dem Überfall
so auf, daß er einen Schock erlitt. **5**, 34
das ˈAuge /n
in den Augen der jungen Leute **13**, 78
der ˈAugenzeuge /n
Beschreiben Sie als Augenzeuge die
Überfälle! **5**, 34
die ˈAusbildung **12**, 70
der ˈAusdruck /ü-e **12**, 71
die ˈAusfahrt /en
die Autobahnausfahrt **7**, 43
der ˈAusflug /ü-e
einen Ausflug an die Mosel machen **7**, 42
ausˈführlich **9**, 55
ˈaus|füllen
Bitte deutlich ausfüllen! **3**, 21
die ˈAusgabe /n **6**, 39
der ˈAusgang /ä-e
vor dem Südausgang des Bahnhofs
14, 84
ˈaus|geben, gab . . . aus, hat ˈausgegeben
(Geld) ausgeben **6**, 39
Ich kann keine Post ausgeben. **8**, 49
ˈaus|gehen, ging . . . aus, istˈausgegangen
Die Berechnungen gingen so aus, wie
. . . **11**, 68
ˈausgewählt
ausgewählte Menüs **3**, 20
ˈausgezeichnet
Es ist ausgezeichnet, danke. **13**, 76
ˈaus|händigen
Post aushändigen **8**, 50
ˈaus|helfen (hilft . . . aus), half . . . aus,
hat ˈausgeholfen
in einem Kaufhaus aushelfen **11**, 58
dieˈAushilfe
als Aushilfe im Kaufhaus arbeiten **11**, 58

die 'Auskunft /ü-e
Ich hätte gerne eine Auskunft. **1**, 9
das 'Ausland → das Inland **8**, 49
der 'Ausländer /–
Sind Sie Ausländer? **1**, 9
die 'Ausländerin /nen
das 'Ausländeramt /ä-er **6**, 37
'ausländerfeindlich **1**, 12
'ausländisch
ausländische Arbeitnehmer **6**, 38
'aus|probieren
Das habe ich alles ausprobiert. **14**, 81
(sich) 'aus|ruhen **11**, 64
'aus|sagen
etwas über jemand aussagen **1**, 12
'außen → innen
das Ansehen des Staates nach außen
15, 88
'aus|schalten **4**, 28
der 'Ausschank
Er geht auf einen Ausschank zu. **14**, 84
'aus|steigen, stieg . . . aus, ist
'ausgestiegen
Aus dem Schnellzug steigt Roberto S.
14, 84
'aus|stellen
Das Visum wurde ausgestellt am . . .
6, 37
'aus|tragen, trug . . . aus, hat
'ausgetragen
Post austragen **8**, 50
'aus|trinken, trank . . . aus, hat
'ausgetrunken
Er trinkt sein Bier aus. **14**, 78
die 'Auswirkung /en
Welche Auswirkungen kann das
haben? **12**, 72
der 'Autofahrer /– **7**, 46

B

'baden
Kann man um diese Zeit baden? **11**, 65
der 'Bahnhof /ö-e **4**, 24
die 'Bahnhofshalle /n **14**, 84
die Bank /en **5**, 30
der 'Bankräuber /–
Der Bankräuber floh auf die Straße.
5, 34
bar
(in) bar bezahlen **14**, 80
die Batte'rie /n **14**, 81
'bauen
die Städte, die wir gebaut haben **8**, 52
der 'Bauer /n **10**, 62
der Baum /äu-e **10**, 62
be'antragen
Haben Sie schon eine Aufenthaltserlaubnis beantragt? **14**, 87
be'antworten
ein Schreiben beantworten **8**, 51
das Be'dürfnis /se **15**, 88
sich be'finden, be'fand . . . sich, hat sich
be'funden
In der Tasche befanden sich 300 000
Schilling. **5**, 35
be'fördern
Ich wurde befördert. **12**, 71
be'gleiten **3**, 21
be'greifen, be'griff, hat be'griffen
Das Tier hatte nicht begriffen, was man
ihm gesagt hatte. **10**, 62
der Be'griff /e
ein politischer Begriff **15**, 90
be'gründen
Können Sie Ihre Meinung begründen?
1, 12

be'handeln

jemanden ärztlich behandeln **5**, 34

be'haupten

Er behauptet: ich kann das beweisen.
11, 69

be'herrschen

Er beherrscht seine Muttersprache.
14, 84

die Be'hörde /n (das Amt) **4**, 28

die 'Beilage /n **9**, 54

bei'nahe

Es wirkt beinahe unfreundlich. **2**, 18

der Be'kannte /n

die Be'kannte /n **9**, 55

be'kannt machen

Darf ich bekannt machen? **2**, 14

be'laden (be'lädt), be'lud, hat be'laden

Der VW-Bus wurde gerade beladen.
5, 34

der Be'leg /e **14**, 81

be'legen **9**, 54

Die Zimmer sind alle belegt. **4**, 24

belegte Brote **9**, 54

Den zweiten Platz belegten die
Französinnen. **13**, 78

be'lehren

Er belehrte das Tier. **10**, 62

(sich) be'mühen

Er bemüht sich um seinen Gast. **14**, 84

die Be'nutzung **6**, 36

die Be'rechnung /en **11**, 68

be'reit sein

Zu Gewalttaten sei er nicht bereit. **11**, 68

be'reits **9**, 57

be'richten

Wie die Polizei berichtet, . . . **5**, 34

be'ruflich **12**, 71

die Be'rufsausbildung **6**, 38

be'rufstätig

Sind Sie berufstätig? **4**, 26

be'sonders

Wann war die Zahl der Geburten besonders gering? **12**, 72

die Be'schäftigung /en **11**, 66

be'stehen, be'stand, hat be'standen

Worin besteht die Qualität des
Lebens? **15**, 91

be'stimmen

Meist bestimmen Vorurteile die Meinung
der Menschen. **1**, 12

der Be'ton

Beton mischen **4**, 28

be'treiben, be'trieb, hat be'trieben

Was wird mit Strom betrieben? **4**, 28

der Be'trieb /e **4**, 28

der Be'triebsrat /ä-e

einen Betriebsrat wählen **11**, 68

be'urteilen

Wie beurteilt Andrea die Ziege? **10**, 62

die Be'völkerung /en **12**, 72

die Be'völkerungsdichte **3**, 22

be'waffnet

ein bewaffneter Raubüberfall **5**, 34

der bewaffnete Gangster **5**, 34

be'wahren

jemand vor einem Unglück
bewahren **10**, 62

be'wohnbar

Wir müssen erreichen, daß die Städte
wieder bewohnbar werden. **8**, 53

be'zahlen

die Miete bezahlen **5**, 30

(in) bar bezahlen **14**, 80

be'zeichnen

Wörter, die Eigenschaften bezeichnen **1**, 12

das Bier /e **2**, 14

der 'Biergarten /ä **8**, 52
die Bi'lanz /en **9**, 56
'bilden
Bilden Sie Sätze! **4**, 29
die 'Bildung
die Leute mit der besten Bildung **13**, 78
'binden, band, hat ge'bunden
Er band das Tier an einen Baum. **10**, 62
'bleiben, blieb, ist ge'blieben
Alles bleibt beim alten. **11**, 68
die 'Blockschrift **6**, 37
der 'Blutdruck **8**, 52
'bohren
Löcher bohren **4**, 28
die 'Bratkartoffeln *(Plural)* **9**, 54
'brauchen
Er braucht nur seinen Paß mitzunehmen. **5**, 30
etwas gebraucht kaufen **14**, 80
der Brief /e
einen Brief schreiben, adressieren, frankieren, registrieren, einwerfen, austragen,
zustellen **8**, 51
der 'Briefschluß /üsse **9**, 55
das Brot /e
Brot schneiden **4**, 29
belegte Brote **9**, 54
das Brötchen /– **9**, 54
'brüllen
Der Löwe brüllte. **11**, 68
der 'Buchstabe /n **15**, 90
'bügeln
Hosen bügeln **4**, 28
der 'Bundesbürger /– **6**, 39
der 'Bundeskanzler /– **3**, 23
das 'Bundesland /ä-er **15**, 90
die 'Bundesstraße /n **7**, 44
der 'Bundestag **10**, 49

C

das Ca'fé /s
Gut, gehen wir ins Café! **7**, 43
charakteri'sieren
Es ist schwer, den „typischen" Deutschen
charakterisieren zu wollen. **1**, 12
die 'City /s **7**, 44

D

da'her ('daher) **5**, 34
'damals
Wie war das damals? **10**, 59
damit . . . damit niemand Angst zu haben
braucht. **15**, 88
'dasein (ist . . . da), war . . . da, ist
'dagewesen
Die Katastrophe ist längst da. **8**, 52
das 'Datum /ten **9**, 55
der 'Dauerauftrag /ä-e
Sie könnten einen Dauerauftrag für die
Miete erteilen. **5**, 30
der 'Daumen /–
eine Geste mit Daumen und Zeigefinger
machen **14**, 84
da'von|fahren, fuhr . . . da'von, ist da-
'vongefahren
Sie nahmen die Geldtaschen und fuhren
davon. **5**, 34
da'von|laufen (läuft . . . da'von), lief . . .
da'von, ist da'vongelaufen **10**, 62
deli'kat **3**, 20
demon'strieren **12**, 73
'dennoch **11**, 68
'deutlich
Bitte deutlich schreiben! **3**, 21

die 'Deutschstunde /n **10**, 62

dick → dünn

    Er hat ein dickes Fell. **11**, 68

dies

    Dies gilt für alle Ausländer. **1**, 12

disku'tieren **2**, 18

der 'Dolmetscher /– **11**, 65

    die 'Dolmetscherin /nen

    als Dolmetscher im Reisebüro **11**, 64

das 'Doppelte

    Das Einkommen stieg um mehr als das
    Doppelte. **9**, 56

'drauf|hauen

    mal richtig draufhauen **11**, 68

drin

    Da ist ja nur ein Buch drin. **8**, 48

'drinnen

    Setzen wir uns auf die Terrasse oder drin-
    nen ans Fenster? **7**, 43

'drohen

    Die Gangster drohten mit Maschinen-
    pistolen. **5**, 34

'drucken **4**, 28

die 'Drucksache /n

    etwas als Drucksache schicken
    8, 48

dumm, 'dümmer, am 'dümmsten → klug

    Wir sind immer die Dummen. **10**, 58

    Das Tier war dumm. **10**, 62

'dunkel, 'dunkler, am 'dunkelsten

    Am Abend wurde es dunkel. **2**, 18

'durch|rechnen

    Rechne dir das genau durch! **14**, 80

'durchschnittlich **6**, 39

der 'Durchschnittsbürger /– **6**, 39

'durch|setzen

    Schließlich setzten sich die Radikalen
    durch. **11**, 68

der Durst

    Ich habe Durst. **13**, 75

die 'Dusche /n

    Er bekam eine kalte Dusche. **11**, 68

E

'ebenso **1**, 12

die 'Ehefrau /en **3**, 21

der 'Ehemann /ä-er **3**, 21

'eigen

    die eigenen Landsleute **1**, 12

die 'Eigenheit /en

    die Eigenheiten anderer Nationen **1**, 12

'eigentlich

    Wie war das eigentlich damals? **10**, 59

der 'Eilbrief /e

    per Eilbrief schicken **8**, 50

der 'Eilbote /n

    Schicken Sie den Brief doch per Eilbo-
    ten! **8**, 49

ein'ander

    einander kennenlernen **1**, 12

der 'Einbruch /ü-e

    Man liest so viel von Einbrüchen. **5**, 30

'eindeutig

    Die Antwort ist eindeutig. **13**, 78

der 'Eingang /ä-e

    vor dem Eingang zum
    Schauspielhaus **13**, 74

'ein|gehen, ging ... ein, ist 'eingegangen

    die eingegangenen Angebote **4**, 25

das 'Einkommen /– **6**, 38

'ein|liefern

    jemanden ins Krankenhaus einliefern
    5, 34

'ein|lösen

    Reiseschecks einlösen **5**, 31

'einmal

Das war einmal. **2**, 18

sich 'ein|mischen **12**, 73

sich 'ein|pendeln

Alle haben sich auf eine präzise Zeit
eingependelt. **2**, 18

die 'Einreise **3**, 23

'ein|reißen, riß . . . ein, hat 'eingerissen

Häuser einreißen **12**, 73

'ein|schalten → ausschalten **4**, 28

'ein|schicken

Dann müssen wir das Gerät
einschicken. **14**, 81

(sich) 'ein|schreiben, schrieb (sich) . . .
ein, hat (sich) 'eingeschrieben

Pedro hat sich an der Universität eingeschrieben. **4**, 24

einen Brief eingeschrieben schicken **8**, 49

das 'Einschreiben /–

per Einschreiben **8**, 49

'ein|senden, 'sandte . . . ein, hat 'einge-
sandt

Dann müssen wir das Gerät ein-
senden. **14**, 82

einst → jetzt **12**, 27

die 'Eintragung /en **6**, 37

'ein|treffen (trifft . . . ein), traf . . . ein, ist
'eingetroffen **1**, 9

'eintreten (tritt ein), trat . . . ein, ist
'eingetreten

Treten Sie bitte ein! **4**, 26

'einverstanden sein

Sind Sie mit einem Verbot des Autos einverstanden? **7**, 34

'ein|werfen (wirft ein), warf . . . ein, hat
'eingeworfen

einen Brief einwerfen **8**, 51

der 'Einwohner /– **9**, 56

'ein|zahlen

Zahlen Sie das Geld bitte an der Kasse
ein. **5**, 31

'einzeln

der einzelne Hörer **1**, 13

das Einzelzimmer → das Doppelzim-
mer **6**, 36

die 'Eisenbahn /en **4**, 28

der Ele'fant /en **11**, 68

e'lektrisch

ein elektrisches Gerät **4**, 28

das 'Ende /n

Ende nächster Woche **1**, 9

'endlich **14**, 84

die Ener'gie /n **4**, 28

eng → weit **15**, 91

ent'gegen

Sie fahren Ihrem Ziel entgegen.
3, 21

ent'halten (ent'hält), ent'hielt, hat ent-
'halten

Die Tasche enthielt nur das Essen für den
Fahrer. **5**, 35

ent'lang

Wir fahren die Mosel entlang.
7, 42

(sich) ent'scheiden, entschied (sich), hat
(sich) ent'schieden

Die meisten entschieden sich für
Holland. **13**, 78

die Ent'scheidung /en

an Entscheidungen mitwirken **10**, 59

(sich) ent'spannen **3**, 20

ent'täuscht **14**, 84

die Ent'wicklung /en **9**, 56

er'beuten

Der Räuber erbeutete 32 000 Mark.
5, 34

(sich) er'geben (ergibt), er'gab (sich), hat (sich) er'geben

Der Täter ergab sich dem Polizisten. **5**, 34

Die ersten Buchstaben ergeben einen politischen Begriff. **15**, 90

er'gehen, er'ging, ist er'gangen

Es kann einem so ergehen. **3**, 23

er'halten (er'hält), er'hielt, hat er'halten **12**, 71

er'höhen

erhöhter Blutdruck **8**, 52

die Er'klärung /en

eine Erklärung ausfüllen **8**, 50

sich er'kundigen

Da erkundigen Sie sich besser noch mal. **7**, 44

er'leben **8**, 52

er'ledigen

Ich muß das noch heute erledigen. **2**, 19

er'leiden, er'litt, hat er'litten

einen Schock erleiden **5**, 34

er'liegen, er'lag, ist er'legen

Dann erlagen sie einem Irrtum. **5**, 34

er'öffnen

ein Konto bei der Sparkasse eröffnen **5**, 30

er'richten **12**, 73

das Er'satzteil /e **14**, 80

er'scheinen, er'schien, ist er'schienen

Typisch erscheinen die Gewohnheiten vor allem dem Fremden. **1**, 12

Wann erscheint meine Anzeige? **4**, 25

er'setzen

Man ersetzte ihn durch ein Pferd. **11**, 68

die Er'sparnis/se **6**, 39

'erster, 'erste, 'erstes

am Ersten (des Monats) **4**, 27

der erste beste Apparat **14**, 80

er'teilen

der Bank einen Dauerauftrag erteilen **5**, 30

die Er'teilung **6**, 37

er'zählen

Erzählen Sie die Fabel! **10**, 62

er'zeugen

Der Lärm erzeugt Herzleiden. **8**, 52

er'zielen

Was wollt ihr damit erzielen? **10**, 60

das 'Essen /–

Gehst du zum Essen? **7**, 45

das 'Essenspaket /e

die Tasche mit dem Essenspaket **5**, 34

'etwa

Ich habe die Uhr etwa ein halbes Jahr. **14**, 82

'etwas

etwas mehr Sicherheit **7**, 46

euro'päisch

ein europäisches Land **13**, 78

eventu'ell **6**, 36

das Ex'amen /Ex'amina **12**, 71

F

die 'Fabel /n

eine Fabel vorlesen **10**, 62

der 'Fahrplan /ä-e **3**, 21

das 'Fahrrad /ä-er

mit dem Fahrrad in die Schule fahren **7**, 46

die 'Fahrtkosten *(Plural)* **3**, 20

das 'Fahrzeug /e **5**, 34

'fallen (fällt), fiel, ist ge'fallen

Gefallene des 2. Weltkriegs **12**, 72

der Fa'milienname /n **8**, 49

der Fa'milienstand **6**, 37

'färben
  Möchten Sie das Haar gefärbt? **13**, 76
'fassen
  Der Bankräuber wurde schnell gefaßt. **5**, 34
fast
  die fast 500 verschiedenen Antworten **1**, 12
'fehlen
  Von den Tätern fehlt jede Spur. **5**, 34
der 'Fehlgriff /e **5**, 34
der 'Feierabend /e
  Was hat man am Feierabend gemacht? **2**, 18
das Fell /e
  Er hat ein dickes Fell. **11**, 68
der 'Fensterplatz /ä-e **3**, 20
der 'Ferienbeginn **4**, 27
der 'Ferienjob /s **11**, 64
die 'Ferienbeschäftigung /en **11**, 65
der 'Fernschreiber /– **4**, 28
das 'Fernsehen **4**, 28
die 'Fernsehzeit **2**, 18
der 'Fernsprecher /– **4**, 28
'fest|nehmen (nimmt fest), nahm . . . fest,
  hat 'festgenommen
  Welcher Täter wurde festgenommen? **5**, 34
der Film /e **2**, 19
  der Liebesfilm **13**, 75
finan'zieren
  Den Luxus soll der Autofahrer finanzieren. **7**, 46
die 'Fläche /n **3**, 22
der Fleiß **1**, 13
'fliehen, floh, ist ge'flohen
  Der Räuber floh auf die Straße. **5**, 34
der Flug /ü-e
  eine Auskunft über einen Flug nach
  Deutschland **1**, 9
der 'Flughafen /ä **5**, 34

die 'Flugkarte /n **1**, 11
der 'Flugplatz /ä-e **12**, 73
das 'Flugzeug /e **15**, 91
'fordern
  Der Staat wird höhere Steuern fordern. **7**, 46
die 'Forderung /en
  eine Forderung vortragen **11**, 68
die Form /en **2**, 18
das Formu'lar /e
  ein Formular ausfüllen **8**, 50
'fort|setzen **12**, 71
die 'Frage /n
  Was käme für Sie in Frage? **11**, 64
  Fragen stellen **13**, 78
fran'kieren
  Wie muß dieser Brief frankiert werden? **8**, 49
frei, 'freier, am 'freiesten
  ein freier Mensch **2**, 18
die 'Freiheit /en
  in Freiheit leben **10**, 62
'frei|machen
  Das Paket muß noch freigemacht werden. **8**, 49
der 'Fremde /n **14**, 84
der Freund /e
  Pedros deutscher Freund Walter **1**, 8
der 'Frieden **15**, 88
der Fri'sör /e **13**, 78
fri'sieren **13**, 76
früh, 'früher, am 'frühesten → spät
  Früher war alles anders. **2**, 18
'führen
  ein Gespräch führen **1**, 9
der 'Fußgänger /– **8**, 52
die 'Fußgängerzone /n **6**, 39
das 'Futter **11**, 68

G

der 'Gangster /− **5**, 34

ganz

in ganz Frankreich **1**, 13

die Garan'tie /n

Dann hast du doch noch Garantie.
14, 81

der Garan'tieschein /e **14**, 81

das Gas /e **4**, 26

der 'Gastarbeiter /− **6**, 38

'geben (gibt), gab, hat ge'geben

Ratschläge geben **1**, 8

eine Abschiedsparty geben **1**, 8

das Ge'biet /e **15**, 88

ge'boren

geboren am . . . **12**, 71

Ich wurde geboren als Sohn des . . . **12**, 71

ge'braucht → neu **14**, 80

die Ge'bühr /en

Dafür ist eine Gebühr zu zahlen. **4**, 26

das Ge'burtsdatum /ten **3**, 21

der Ge'burtsname /n **6**, 37

der Ge'burtsort /e **3**, 23

der Ge'burtstag /e **3**, 23

ge'ehrt

Sehr geehrte Herren! **9**, 55

die Ge'fahr /en **10**, 58

'gegen

Wir fahren gegen 8 Uhr ab. **7**, 42

Ich habe nichts gegen Ausländer. **4**, 25

das 'Gegenteil **15**, 90

gegen'über

Gehen Sie zum Schalter gegenüber!
5, 32

'gehen, ging, ist ge'gangen

Wie geht's? **1**, 8

Strom und Heizung gehen extra. **4**, 25

Wo geht es hier nach Bonn? **7**, 43

Geht es schnell? **7**, 45

Geht das Paket ins Ausland? **8**, 49

Worum geht es? **10**, 59

Ging das so ohne weiteres? **14**, 81

Der Apparat geht aber nicht. **14**, 82

das Ge'hirn /e **4**, 28

der 'Geldschrankknacker /− **4**, 28

die 'Geldtasche /n **5**, 34

der 'Geldtransport /e

einen Geldtransport überfallen **5**, 34

ge'lockt

gelocktes Haar **13**, 76

'gelten (gilt), galt, hat ge'golten

Dies gilt für alle. **1**, 12

Er gilt als weise. **11**, 68

die Ge'mäßigten → die Radikalen **11**, 68

ge'meinsam **9**, 57

ge'nießen, ge'noß, hat ge'nossen **3**, 20

gerade'aus

geradeaus fahren **7**, 44

das Ge'rät /e

Welche Geräte arbeiten mit Strom?
4, 28

ge'recht **1**, 12

ge'ring **12**, 72

gern, 'lieber, am 'liebsten

Er spricht am liebsten Japanisch. **1**, 13

Rechnen Sie lieber mit 150 Mark! **4**, 24

Ich komme gern mit. **7**, 42

Gern taten Sie das natürlich nicht.
14, 81

das Ge'schäft /e **8**, 52

ge'schehen (ge'schieht), ge'schah, ist ge-
'schehen

Was geschah mit ihm? **5**, 34

Darum geschah der Ziege recht. **10**, 62

ge'schieden **12**, 71

das Ge'schirr **4**, 29
das Ge'schlecht /er **6**, 37
die Ge'sellschaft /en **8**, 52
die Ge'sellenprüfung /en **12**, 71
das Ge'spräch /e
ein Gespräch führen **1**, 9
die 'Geste /n
Der Verkäufer macht eine Geste. **14**, 84
gestiku'lieren
Der Verkäufer beginnt, heftig zu
gestikulieren. **14**, 84
die Ge'sundheitspflege **6**, 4
die Ge'walttat /en **11**, 68
ge'wellt
leicht gewelltes Haar **13**, 75
das Ge'wicht /e
Er ließ den Chef sein Gewicht
spüren. **11**, 68
sich ge'wöhnen
Man muß sich an das kalte Wasser
gewöhnen. **11**, 65
die Ge'wohnheit /en
die Gewohnheiten einer Nation **1**, 12
der Gin **2**, 14
das 'Girokonto /konten **5**, 31
das Glück
Wenn wir Glück haben, . . . **7**, 46
'greifen, griff, hat ge'griffen
Die Banditen griffen nach der falschen
Tasche. **5**, 34
der 'Grillteller /– **9**, 54
der Grund /ü-e **6**, 38
die 'Grundgebühr /en **8**, 48
'gründlich
Arbeitsam, intolerant und gründlich sind
typische Merkmale der Deutschen. **1**, 12
'gültig
Der Paß ist gültig bis . . . **6**, 37

'günstig
Was ist günstiger? **5**, 32
'guttun, tat . . . gut, hat 'gutgetan
Die frische Luft hat ihm gutgetan. **11**, 65

H

das Haar /e **4**, 28
Haare schneiden **4**, 28
'haben (hat), 'hatte, hat ge'habt
Er hat seine Arbeit hinter sich. **2**, 18
Ich persönlich habe nichts gegen Ausländer. **4**, 25
das 'Hähnchen /– **9**, 54
'halbwegs
Nicht einer, der seine eigene Muttersprache auch nur halbwegs beherrscht!
14, 84
'hallo *Interjektion*
Hallo Pedro! Wie geht's? **1**, 8
der Hals /ä-e **10**, 62
'halten (hält), hielt, hat ge'halten
Welche Eigenschaften halten sie für
typisch? **1**, 12
Den zweiten Platz hält Deutschland vor
Italien. **13**, 78
die 'Handtasche /n **5**, 35
der 'Handel **4**, 28
'häufig → selten
2400 Hörer nannten diese Eigenschaften
am häufigsten. **1**, 12
'hauptpostlagernd **9**, 55
der 'Haushalt /e **4**, 28
der 'Hausrat **6**, 39
die 'Haustür /en
vor der Haustür **8**, 52
'heben, hob, hat ge'hoben
Lasten heben **4**, 28

'heftig
heftig gestikulieren **14**, 84
die **'Heimatanschrift** /en **12**, 71
'heimfahren (fährt ... heim), fuhr ...
heim, ist 'heimgefahren
Als wir heimfuhren, war ich müde.
10, 63
'heißen, hieß, hat ge'heißen
Wie heißen Sie? **8**, 50
'heiter
Gibt es nichts Heiteres im Theater?
13, 76
die **'Heizung** /en **4**, 25
helfen (hilft), half, hat ge'holfen
Kann ich Ihnen helfen? **1**, 9
Das half nichts. **11**, 68
hell → dunkel
ein großes Helles (Bier) **13**, 75
das **Hemd** /en
Hemden waschen **4**, 28
he'rauf|holen
die Zeitung heraufholen **10**, 58
he'raus|kommen, kam ... he'raus, ist
he'rausgekommen
der Mann, der aus der Bank heraus-
kam **5**, 35
herb
herbe Weine **3**, 20
he'rein|kommen, kam ... he'rein, ist
he'reingekommen
Kommen Sie doch bitte herein!
4, 25
der **Herr** /en
Die Autos haben sich zu Herren über die
Menschen gemacht. **8**, 52
he'rüber|kommen, kam ... he'rüber, ist
he'rübergekommen
Wollt ihr nicht 'rüberkommen? **2**, 18

he'rum|stehen, stand ... he'rum, hat
he'rumgestanden
Leute, die neugierig herumstanden **5**, 35
her'vor|heben, hob ... her'vor, hat
her'vorgehoben **15**, 88
das **'Herzleiden** /– **8**, 52
'hier|bleiben, blieb ... hier, ist
'hiergeblieben
Bleibt er hier? **7**, 45
'hilfsbereit **1**, 12
hin und zu'rück **3**, 20
hi'naus|springen, sprang ... hi'naus, ist
hi'nausgesprungen
Die Ziege sprang aus dem Fenster
hinaus. **10**, 62
(sich) 'hin|setzen
Ich habe mich einfach hingesetzt. **10**, 63
hoch, 'höher, am 'höchsten →
tief, niedrig
Wie hoch ist die Miete? **4**, 26
'höchstens → mindestens
Wir können Sie höchstens für das
nächste Jahr vormerken. **4**, 24
der **'Hörer** /–
die **'Hörerin** /nen
der **'Rundfunkhörer** **1**, 12
die **'Hose** /n
Hosen bügeln **4**, 28
die **Ho'telanmeldung** /en **3**, 20
die **Ho'telrezeption** /en **3**, 23
der **Hu'mor** **1**, 13
hu'morvoll → humorlos **1**, 14
der **Hundert'markschein** /e **14**, 84
der **'Hunger**
Hunger hatten wir alle. **10**, 59

I

das ʼImage
das deutsche Image im Ausland **13**, 78
(sich) immatrikuʼlieren
Ich bin immatrikuliert. **4**, 24
inʼdem
Aber indem man das tut … **3**, 23
die Induʼstriestadt /ä-e **15**, 90
das ʼInland → das Ausland **8**, 50
ʼinnen → außen
das Haar nach innen gerollt **13**, 75
die ʼInnenstadt 5, 34
ʼinnerhalb
innerhalb der Grenzen **3**, 23
das Inseʼrat /e
ein Inserat aufgeben **4**, 25
inseʼrieren
in einer Zeitung inserieren **4**, 24
die Instituti ʼon /en **9**, 55
interesʼsant 7, 42
das Interʼesse /n
Wer vertritt unsere Interessen? **10**, 59
sich interesʼsieren für 1, 13
interesʼsiert
Sie ist politisch interessiert. **1**, 12
ʼintolerant → tolerant
Intolerant und gründlich sind typische
Merkmale. **1**, 12
ʼirgendwo
Man saß irgendwo herum. **2**, 18
ʼirgendwohin
aus der Stadt heraus, irgendwohin **7**, 43
der ʼIrrtum /ü-er
einem Irrtum erliegen **5**, 34

J

ʼjagen
Fußgänger und Radfahrer werden von
Autos gejagt. **8**, 53
das ʼJahrbuch /ü-er **3**, 22
der ʼJahrgang /ä-e **12**, 72
je
Das macht je Gramm 30 Pfennig. **8**, 48
ʼjeweils
Nur jeweils eine Lösung ist richtig. **14**, 85
der Job /s **11**, 64
die ʼJugend → das Alter
Europa, wie es die Jugend sieht **13**, 78
der ʼJunggeselle /n **8**, 52

K

die ʼKaffeemühle /n **4**, 28
kaʼputt|gehen, ging … **kaʼputt, ist**
kaʼputtgegangen
Gehen wir in den Städten kaputt? **8**, 52
die ʼKarte
Karten spielen **2**, 18
der Karʼtoffelsalat 9, 54
die ʼKäseplatte /n **9**, 54
kasʼsieren, kasʼsierte, hat kasʼsiert 6, 38
die Kataʼstrophe /n
Die Katastrophe geschieht in den
Städten. **8**, 52
kaum
Unter 100 Mark bekommen Sie kaum ein
Zimmer. **4**, 24
die Kautiʼon /en **4**, 25
der ʼKindergarten /ä **8**, 52
ʼkinderreich
die Kinderreichen **8**, 52

die 'Klasse /n **10**, 62
das 'Klassengespräch /e **10**, 62
die 'Kleidung **6**, 39
die 'Kleinanzeige /n **4**, 25
die 'Klinik /en **4**, 26
'kochen
  eine Suppe kochen **4**, 28
die 'Kochnische /n
  ein Appartement mit Kochnische **4**, 25
der 'Koffer /– **1**, 9
  einen Koffer aufgeben **8**, 50
komfor'tabel, komfor'tabler,
  am komfor'tabelsten
  Das Auto wird etwas komfortabler werden. **7**, 46
'kommen, kam, ist ge'kommen
  Das kommt darauf an. **10**, 58
  in eine schwierige Lage kommen **11**, 68
die Ko'mödie /n **13**, 75
der Kompro'miß /sse **10**, 62
die Konfessi'on /en **3**, 22
der Kon'takt /e
  Kontakt bekommen **11**, 64
die Kon'trollübung /en **14**, 85
das 'Konto /ten **5**, 30
die 'Kontonummer /n **5**, 30
das Kon'zert /e **13**, 76
der Kopf /ö-e
  von Kopf bis Fuß ein Römer **14**, 84
die 'Körperpflege **6**, 39
die 'Kosten *(Plural)*
  Die Kosten werden steigen. **7**, 46
die Kraft /ä-e
  Er versprach zu tun, was in seinen
  Kräften steht. **11**, 68
der 'Kranke /n **4**, 29
der 'Krankenwagen /– **5**, 35
der Krieg /e **10**, 59

'kriegen
  Wo kriege ich einen Zollschein? **8**, 49
die 'Kreuzung /en
  Fahren Sie bis zur nächsten Kreuzung. **7**, 43
der Krimi'nalfilm /e **13**, 75
die 'Küche /n **4**, 26
die Kuh /ü-e
  Kühe melken **4**, 28
kühl → warm
  ein kühles Helles **2**, 14
  kühles Wasser **11**, 66
'kühlen
  Bier kühlen **4**, 28
die 'Kunststoffindus'trie /n **4**, 28

L

der 'Ladentisch /e
  das Mädchen hinter dem Ladentisch
  14, 84
die 'Lage /n
  eine schwierige Lage **11**, 68
'landen
  Frankreich landete auf Platz eins. **13**, 78
die 'Landeshauptstadt /ä-e **6**, 37
die 'Landschaft /en
  Wo ist die Landschaft am
  schönsten? **13**, 78
'landschaftlich
  die landschaftlich schönsten Länder
  13, 78
die 'Landsleute *(Plural)* **1**, 12
lang, 'länger, am 'längsten → kurz
  Ich kann nicht länger bleiben. **2**, 19
  ein Leben lang **10**, 62
längst
  Die Katastrophe ist längst da. **8**, 52

142

der **Lärm** **8**, 52

die **Last** /en
  Lasten heben **4**, 28

der **Lauf**
  im Lauf der Zeit **10**, 62

die **'Laufbahn** /en **12**, 71

laut → leise **14**, 82

'lauten
  Wie soll der Text der Anzeige lauten?
  4, 26

das **'Leben**
  ein Leben lang **10**, 62

'leben
  in der Stadt leben **8**, 52

die **'Lebenserwartung** **9**, 55

der **'Lebenslauf** /äu-e **12**, 71

'ledig → verheiratet **6**, 37

'lediglich
  Der Brief wird lediglich registriert. **8**, 49

'legen
  Wie soll ich Ihnen das Haar legen?
  13, 75

der **'Lehrling** /e **12**, 71

leicht → schwer
  ein leichter Wein **13**, 75

'leise → laut **14**, 82

'leisten
  Sie leisten gute Arbeit. **13**, 78

das **'Lexikon** /ka **3**, 23

'liebenswert
  das liebenswerteste europäische
  Land **13**, 78

'liegen, lag, hat ge'legen
  Es liegt an den Batterien. **14**, 81

die **'Liste** /n
  die Liste der schönsten Länder **13**, 78

das **Loch** /ö-er
  Löcher bohren **4**, 28

der **Lohn** /ö-e
  Die Löhne steigen. **10**, 58

'los|gehen, ging . . . los, ist 'losgegangen
  Wann geht es los? **2**, 16

(sich) **'los|reißen, riß (sich) . . . los, hat**
  (sich) **'losgerissen**
  Die Ziegen hatten sich losgerissen. **10**, 62

die **'Lösung** /en **14**, 85

der **'Löwe** /n **11**, 68

das **'Lufthansa-Büro** /s **1**, 9

die **'Luftpost**
  mit Luftpost **8**, 48

'lustig → traurig
  Gibt es denn gar nichts Lustiges? **13**, 75

der **'Luxus**
  Den Luxus soll der Autofahrer finanzieren. **7**, 46

M

machen
  Was hat man früher nicht alles gemacht? **2**, 18
  Der Elefant macht's möglich. **11**, 68

das **'Magengeschwür** /e **8**, 52

'mähen
  den Rasen mähen **4**, 28

der **'Makler** /– **4**, 24

der **Mann** /ä-er
  meine Schwester und ihr Mann **2**, 14

der **'Männerüberschuß** /üsse **12**, 72

'männlich **6**, 37

die **Ma'schine** /n
  Nehmen Sie die Maschine nach
  Frankfurt! **1**, 9

die **Ma'schinenpistole** /n **5**, 34

sich **mas'kieren**
  vier maskierte Gangster **5**, 34

die 'Massenentlassung /en
Massenentlassungen in der Autoindustrie **7**, 46
die 'Massenproduktion **4**, 28
die 'Mehlspeise /n **9**, 54
'mehrere
Laß dir mehrere Geräte zeigen. **14**, 80
die 'Mehrheit /en **6**, 38
'meinen
Was meinen die Deutschen über sich selbst? **1**, 12
die 'Meinung /en
die Meinung von Rundfunkhörern **1**, 12
Ich bin nicht Ihrer Meinung. **10**, 58
meist
Meist sind es nur Vorurteile. **1**, 12
die 'Meisterprüfung /en **12**, 71
der 'Meldeschein /e **3**, 21
'melken, molk, hat ge'molken
Kühe melken **4**, 28
der Mensch /en
ein freier Mensch **2**, 18
'menschenfreundlich
menschenfreundlichere Städte **8**, 52
das Me'nü /s **9**, 54
'merken **3**, 23
Wohlgemerkt! **6**, 41
das 'Merkmal /e
typische Merkmale **1**, 12
der Me'tallarbeiter /– **10**, 58
die 'Miete /n **4**, 25
'mieten **6**, 36
die Milch
Milch wärmen **4**, 28
der 'Milchladen /ä
der Milchladen an der Ecke **8**, 52
'mindestens → höchstens **4**, 27

'mischen
Beton mischen **4**, 28
'mit|arbeiten **10**, 61
'mit|bestimmen
bei Entscheidungen mitbestimmen **10**, 60
die 'Mitbestimmung
Es geht um die Mitbestimmung. **10**, 59
'mit|kommen, kam . . . mit, ist 'mitgekommen
Willst du mitkommen? **5**, 33
'mit|machen
Macht ihr mit? **7**, 47
die 'Mitsprache **10**, 60
'mit|sprechen (spricht mit), sprach . . . mit, hat 'mitgesprochen **10**, 61
'mitreden
das Recht mitzureden **10**, 59
die 'Mitte
Dort in der Mitte wird ein Tisch frei. **7**, 44
die 'Mitteilung /en
Die Sendung darf keine Mitteilung enthalten. **8**, 48
das 'Mittelgebirge /– **15**, 90
'mit|wirken
an Entscheidungen mitwirken **10**, 59
mö'bliert
ein möbliertes Zimmer **4**, 25
das Mo'dell /e
Mein Gerät ist ein älteres Modell. **14**, 80
'möglich
Der Elefant macht's möglich. **11**, 68
möglicher'weise
Möglicherweise ist er einer der beiden Täter. **5**, 34
der 'Monat /e **11**, 66

'monatlich

Er verdient monatlich 1200 DM netto. **6**, 38

'morgen → gestern, abend

heute morgen **7**, 46

'müde

Da war ich ganz schön müde. **10**, 63

das 'Muster /−

Bilden Sie Sätze nach folgendem Muster: **5**, 35

die 'Muttersprache /n

seine Muttersprache beherrschen **14**, 84

N

nach

nach und nach **10**, 59

der 'Nachdruck

mit Nachdruck vortragen **11**, 68

der 'Nachfolger /−

Sein Nachfolger wurde ein Papagei. **11**, 68

'nach|gehen → 'vor|gehen

Die Uhr geht nach. **14**, 82

die 'Nachricht /en

Ist eine Nachricht für mich da? **8**, 50

Ich habe es in den Nachrichten gehört. **10**, 58

'nach|rufen, rief . . . nach, hat 'nachgerufen 14, 84

'nach|sagen

Er hat nur nachgesagt, was man ihm vorgesagt hatte. **11**, 69

'nach|sehen, sah . . . nach, hat 'nachgesehen

Die Batterien habe ich schon nachgesehen. **14**, 82

'nach|zählen 14, 84

'nächster, 'nächste, 'nächstes

Ich fliege nächste Woche. **1**, 8

nachts 10, 62

'nahe, 'näher, am 'nächsten

ein Zimmer nahe der Universität **4**, 25

die 'Nähe

in der Nähe des Bahnhofs **4**, 24

das 'Nahrungsmittel /− **6**, 39

die Nati'on /en

die Angehörigen einer Nation **1**, 12

die Nationali'tät /en

Welche Nationalität hat Roberto S.? **14**, 84

'neben

ein alter Trinker neben ihm **14**, 84

neben'an

am Schalter nebenan **5**, 31

die 'Nebenkosten 6, 36

'nehmen (nimmt), nahm, hat ge'nommen

Gut, ich nehme das Zimmer. **4**, 25

'nennen, 'nannte, hat ge'nannt

Nennen Sie Wörter! **1**, 12

der 'Nervenschock /s

einen Nervenschock erleiden **5**, 35

ner'vös 5, 34

die Nervosi'tät

Man spürt die Nervosität. **2**, 18

'nicht einmal

Ohne Strom gäbe es nicht einmal eine Zeitung. **4**, 28

'niemand → jedermann, jemand **15**, 88

noch

Was noch? **4**, 28

'nötig

Das ist nicht nötig. **2**, 15

'notwendig

Das ist nicht notwendig. **2**, 16

'nutzen

Jeder kann diese Energie nutzen. **4**, 28

O

'oben → 'unten
  die da oben **11**, 68
offizi'ell **9**, 55
ondu'lieren **4**, 28
die 'Oper /n **13**, 76
die Ope'rette /n **13**, 76
die 'Ordnung /en
  Ist es so in Ordnung? **13**, 76
die Organisati'on /en **15**, 90
das Origi'nal /e **9**, 55
der Ort /e **9**, 55

P

das 'Päckchen /–
  ein Päckchen aufgeben **8**, 48
das Pa'ket /e
  ein Paket aufgeben, freimachen **8**, 49
der Pa'ketschalter /– **8**, 49
die Pano'ramascheibe /n **3**, 20
der Papa'gei /en **11**, 68
das Pa'pier /e
  Die Papiere hast du sicher schon. **1**, 8
der 'Partner /– **9**, 57
die 'Party /s
  eine Party geben **2**, 14
pas'sieren
  Was einem Ausländer in Deutschland
  passieren kann. **14**, 84
die 'Pause /n **2**, 18
die Pensi'on /en **4**, 24
der Perso'nalausweis /e **8**, 50
per'sönlich
  jemanden persönlich kennenlernen **1**, 12
das Pferd /e **11**, 68

die 'Pflanze /n **8**, 52
der 'Physiker /– **13**, 74
pi'kant **3**, 20
die Pi'stole /n
  mit vorgehaltener Pistole **5**, 34
das Pla'kat /e **15**, 88
'planen **12**, 73
der 'Plattenspieler /– **4**, 28
der Platz /ä-e
  Ist der Platz frei? **1**, 9
  Deutschland kam auf den vierten
  Platz. **13**, 78
  einen Platz belegen **13**, 78
'plaudern **3**, 20
plom'bieren
  einen Zahn plombieren **4**, 28
die Poli'tik **1**, 13
der Po'litiker /– **15**, 90
po'litisch **1**, 12
die Poli'zei **4**, 28
die Porti'on /en **9**, 54
das 'Porto /s/ti
  Wie hoch ist das Porto? **8**, 48
die Post
  Post aufgeben **8**, 49
  Post austragen **8**, 50
  Post zustellen **8**, 49
der 'Postbote /n **11**, 64
'postlagernd **8**, 49
die 'Postleitzahl /en **9**, 55
der Prakti'kant /en **12**, 71
  die Praktikantin /nen
die 'Prämie /n
  die Prämie für die Versicherung **7**, 46
die 'Praxis → die Theorie **15**, 88
prä'zise
  eine präzise Zeit **2**, 18
pri'vat **6**, 36

die Pri'vatperson /en **9**, 55
pro
8 Stunden pro Tag **10**, 59
das Pro'blem /e **2**, 18
zum Problem werden **8**, 52
produ'zieren
Was wird mit Strom produziert? **4**, 28
promo'vieren **12**, 71
der Pro'spekt /e **3**, 20
der Pro'test /e **12**, 73
die Provisi'on /en **4**, 25
das Pro'zent /e
Laß dir Prozente geben bei
Barzahlung. **14**, 80
die 'Prüfung /en **12**, 71
'putzen
die Zähne putzen **4**, 28

Q

die Quali'tät /en **15**, 91
die Quanti'tät /en **15**, 91
der 'Querschnitt /e
ein Querschnitt der Meinungen **1**, 13

R

der 'Radfahrer /– **8**, 52
die Radi'kalen → die Gemäßigten **11**, 68
das 'Radio /s **4**, 28
der Rang /ä-e
erster Rang, zweite Reihe **13**, 74
der 'Rasen
den Rasen mähen **4**, 28
die 'Rate /n
in Raten zahlen **14**, 80

'raten (rät), riet, hat ge'raten
Kannst du mir raten, welches Gerät ich
nehmen soll? **14**, 80
'ratlos **12**, 73
das 'Rätsel /– **15**, 90
der 'Räuber /–
Der Räuber erbeutete 32000 Mark.
5, 34
der 'Raubüberfall /ä-e
Ein Raubüberfall wurde auf eine Bank
verübt. **5**, 34
der Raum /äu-e **4**, 28
raus
„Raus, aber schnell!" **5**, 34
'rechnen
Mit wieviel Miete muß man rechnen?
4, 24
die 'Rechnung /en
gegen Vorlage der Rechnung **14**, 81
das Recht /e
Ihr habt das gleiche Recht. **10**, 59
recht
Ist es so recht? **13**, 75
'reden **2**, 18
die 'Regel /n **6**, 38
'regeln
Der Verkehr wird geregelt. **4**, 28
regi'strieren
Der Brief wird registriert. **8**, 49
der 'Regen
trotz strömenden Regens **12**, 73
die 'mittlere 'Reife **12**, 71
die 'Reifenindustrie **7**, 46
die 'Reihe /n **13**, 74
die 'Reise /n **3**, 20
das 'Reisebüro /s **1**, 22
der 'Reiseführer /– **2**, 14
die 'Reisegesellschaft /en **3**, 21

der 'Reiseplan /ä-e **11**, 65
der 'Reisescheck /s
 Reiseschecks einlösen **5**, 31
die 'Reisevorbereitung /en **2**, 15
die Reklamati'on /en **14**, 81
die Re'klame
 Die Zeitung ist voller Reklame. **13**, 76
das 'Rennen /–
 Schwedens Mädchen machten das
 Rennen. **13**, 78
die Repara'tur /en
 die Kosten für Reparaturen **7**, 46
 anfällig gegen Reparaturen **14**, 80
 Ich habe die Uhr erst in Reparatur
 gehabt. **14**, 81
'retten **10**, 62
'rollen
 Das Haar nach innen gerollt, bitte!
 13, 75
rot, 'röter, am 'rötesten
 Ein Viertel Roten bitte! **13**, 75
(he)'rüberkommen **2**, 18
der 'Rückgang **12**, 72
'rufen, rief, hat ge'rufen **10**, 62
der 'Rufname /n **6**, 37
die 'Ruhe **2**, 18
'ruhig —→ laut, unruhig
 ein ruhig gelegenes Zimmer **4**, 26
das 'Rührei /er **9**, 54
rui'nieren
 Die Städte werden ruiniert. **8**, 53
der Rum **2**, 14
der 'Rundfunk
 der Westdeutsche Rundfunk **1**, 12
der 'Rundfunkhörer /– **1**, 12

S

die 'Sache /n
 Das ist so eine Sache mit den
 Ersatzteilen. **14**, 80
der Sa'lat /e **3**, 20
die 'Salzkartoffeln *(Plural)* **9**, 54
die (der) 'Samba /s **2**, 14
der Sani'täter /– **5**, 35
'sauber —→ schmutzig
 Er kann saubermachen. **4**, 29
das 'Sauerkraut **9**, 54
'saugen
 Staub saugen **4**, 28
der 'Schalter /–
 ein (Licht-) Schalter **4**, 28
 am (Bank-) Schalter nebenan **5**, 31
das 'Schauspielhaus /äu-er **13**, 74
der Scheck /s
 mit Scheck zahlen **5**, 31
der Schein /e
 Er hat nur einen
 Hundertmarkschein. **14**, 84
'scheinen, schien, hat ge'schienen
 Probleme scheinen nun unwichtig zu
 sein. **2**, 18
'schenken
 jemandem Vertrauen schenken
 11, 68
'schicken
 Schicken Sie's als Drucksache. **8**, 48
'schimpfen
 Papi schimpft, weil er mit der Straßenbahn fahren muß. **7**, 46
'schlagen (schlägt), schlug, hat
 ge'schlagen **12**, 73
'schließen, schloß, hat ge'schlossen
 Was schließen Sie daraus? **15**, 89

der Schnee
Wenn Schnee liegt, laufen die Leute
Schi. **10**, 63

'schneiden, schnitt, hat ge'schnitten
Brot schneiden **4**, 29

der 'Schnellzug /ü-e
der Schnellzug Rom–München **14**, 84

der Schock /s
einen Schock erleiden **5**, 34

das 'Schreiben /–
ein Schreiben beantworten **8**, 51

die 'Schreibmaschine /n **6**, 37

'schrittweise
Die Arbeitszeit wurde schrittweise
verkürzt. **10**, 60

die 'Schule /n **7**, 46
die 'Volksschule **12**, 71
die 'Mittelschule **12**, 71
die Re'alschule **12**, 71

das 'Schwarzbrot **9**, 54

'schwierig **9**, 55

der See /n **7**, 43

sein (ist), war, ist ge'wesen
Sind Sie schon lange in Deutschland?
1, 9
Ich bin für Samba. **2**, 14
Der Paß ist gültig. **6**, 37

seit
seit kurzem **10**, 59

seit'dem **3**, 23

die 'Seite /n
die andere Seite **2**, 18

die Se'kunde /n **5**, 34

'selten → oft **1**, 12

das Se'mester /–
Er hat sich für das neue Semester eingeschrieben. **4**, 24

der Se'mesteranfang **4**, 27

der Se'mesterschluß **4**, 27

die 'Sendung /en
eine Sendung des Westdeutschen Rundfunks **4**, 28
eine postlagernde Sendung **8**, 49

ser'vieren **3**, 20

'sicher
Auf der Bank ist das Geld sicherer. **5**, 30

die 'Sicherheit /en **7**, 46

das 'Siedlungsgebiet /e **3**, 22

der Sohn /ö-e **12**, 71

so'lange **1**, 12

'solcher, 'solche, 'solches **2**, 18

sich solidari'sieren **12**, 73

so'lide **6**, 36

sonst
Was sonst noch? **7**, 46
sonstige (Parteien) **15**, 89

sozi'al **15**, 88

'sparen **1**, 13

das 'Sparbuch /ü-er **5**, 33

der 'Sparer /– **10**, 58

die 'Sparkasse /n **5**, 30

das 'Sparkonto /ten **5**, 31

'sparsam
Die Deutschen sind sparsam. **1**, 12

spät → früh
Wurde es sehr spät? **7**, 45

'später → früher
Das Fahrzeug wurde später aufgefunden. **5**, 34

der 'Speisewagen /– **3**, 20

die 'Sperre /n
Er geht durch die Sperre. **14**, 84

'sperren
Er sperrte das Tier nachts in den
Stall. **10**, 62

das 'Spiegelei /er **9**, 54

das Spiel /e

Nur Arbeit und wenig Spiel. **13**, 78

'spielen

Karten spielen **2**, 18

Was wird im Theater gespielt? **13**, 74

'spießig 1, 12

die Spiritu'osen *(Plural)* **1**, 9

die 'Spitze /n **6**, 38

die 'Sportreportage /n **12**, 70

das 'Sprachgebiet /e **3**, 23

'spülen 4, 29

die Spur /en

Von den Tätern fehlt jede Spur. **5**, 34

'spüren

Man spürt die Unruhe. **2**, 18

der Staat /en

Der Staat fordert höhere Steuern. **7**, 46

die 'Staatsangehörigkeit /en **3**, 23

die 'Staatsgrenze /n **3**, 23

die 'Stahlindustrie 7, 46

der Stall /ä-e **10**, 62

statt

statt Blumen einen Reiseführer **2**, 14

statt dessen

Statt dessen werden neue Banken gebaut. **8**, 52

der Staub

Staub saugen **4**, 28

die 'Steckdose /n **4**, 28

'stehen, stand, hat ge'standen

Eine andere Tasche ließen sie stehen. **5**, 34

Wir standen vor der Frage, ... **10**, 62

der 'Stehtisch /e **14**, 84

'steigen, stieg, ist ge'stiegen

Die Kosten steigen. **7**, 46

Auf das Zehnfache gestiegen ist die Zahl der Ausländer. **6**, 38

'stellen

Ein Polizist stellte den Täter. **5**, 34

eine Frage stellen **13**, 78

'sterben (stirbt), starb, ist ge'storben

Immer mehr Menschen sterben auf den Straßen. **7**, 47

die 'Steuer /n

Der Staat wird höhere Steuern fordern. **7**, 46

das 'Stichwort /ö-er **3**, 23

'stimmen

Sie stimmten für den Wolf. **10**, 62

Kann das stimmen? **11**, 67

Mit meiner Uhr stimmt was nicht. **14**, 81

'stinken, stank, hat ge'stunken

Es wird weniger stinken. **7**, 46

der Stipendi'at /en **4**, 27

die Stipendi'atin /nen

das Sti'pendium /dien

ein Stipendium bekommen, erhalten **1**, 8

'stoppen

Sie stoppten den Wagen. **5**, 34

'strebsam

Der typische Deutsche ist vor allem strebsam. **1**, 12

'streiken

Die Arbeiter streiken. **10**, 58

der Strick /e

ein Strick um den Hals **10**, 62

der Strom *(elektrisch)*

Strom treibt Motoren. **4**, 28

'strömen 12, 73

das Stück /e

Ein Stück Bundesrepublik wird asphaltiert. **7**, 46

„Die Physiker", ein interessantes Stück **13**, 74

der Stu'dentenausweis /e **4**, 24

das Stu'dentenheim /e **4**, 24
der Stu'denten-Schnelldienst **11**, 64
stu'dieren
Ich werde an der Universität
studieren. **1**, 9
der 'Südausgang /ä-e **14**, 84
die 'Suppe /n
eine Suppe kochen **4**, 28

T

die 'Tagessuppe /n **9**, 54
'täglich **3**, 21
'tagsüber **10**, 62
der 'Tango /s **2**, 14
'tanzen **2**, 14
der Ta'rifvertrag /ä-e **10**, 59
der 'Täter /–
Ein Polizist stellte den Täter. **5**, 34
der 'Taxifahrer /– **14**, 84
der Tee **1**, 10
der 'Teilnehmer /– **3**, 21
die 'Teilzeitarbeit /en **6**, 38
der Text /e
Fragen zum Text **1**, 12
die Tex'tilindustrie /n **4**, 28
das The'ater /– **13**, 74
das Tier /e **8**, 52
der Tip /s
Kannst du mir ein paar Tips geben?
1, 8
'titelsüchtig **1**, 12
das 'Tonbandgerät /e **4**, 28
'tönen
die Haare tönen **13**, 75
die 'Tönung /en **13**, 75
der/die 'Tote /n **7**, 46

'töten
Menschen werden vor ihrer Haustür
getötet. **8**, 52
die Tra'bantenstadt /ä-e **8**, 52
transfor'mieren **8**, 52
das Transpa'rent /e **12**, 73
'treffen (trifft), traf, hat ge'troffen
Pedro trifft Walter in Rio. **1**, 8
das 'Treffen /– **3**, 23
'treiben, trieb, hat ge'trieben
Strom treibt Motoren. **4**, 28
'trennen
Briefe und Drucksachen müssen getrennt
aufgegeben werden. **8**, 48
der 'Trinker /– **14**, 84
'trotzdem (trotz'dem) **9**, 56
'typisch
typische Merkmale der Deutschen **1**, 12

U

die 'U-Bahn /en **4**, 26
'über
über 1000 Mark im Monat **11**, 64
der 'Überfall /ä-e
Nach dem Überfall floh der Räuber. **5**, 34
über'fallen (überfällt), über'fiel, hat
über'fallen
eine Bank überfallen **5**, 34
sich über'legen
Ich will mir die Sache überlegen. **5**, 30
'übermorgen
Kommen Sie übermorgen wieder! **4**, 17
die Über'raschung /en **13**, 78
über'weisen, über'wies, hat über'wiesen
Können Sie die Miete nicht überweisen? **5**, 30

'üblich

Sie müssen die übliche Provision zahlen. **4**, 25

sich 'um|hören

Hören Sie sich bei Freunden um. **4**, 24

der 'Umtausch 14, 81

'um|tauschen

Kann ich hier Dollars umtauschen? **5**, 31

die 'Umwelt 12, 73

'unbedingt 14, 87

'unerträglich → er'träglich **15**, 91

'unfreundlich →'freundlich

Es wirkt beinahe unfreundlich. **2**, 18

'ungenau → ge'nau **3**, 22

das 'Unglück /e **10**, 62

die Universi'tät /en

die Zulassung zur Universität **1**, 8

die 'Unruhe /n

Man spürt die Unruhe. **2**, 18

'unselbständig → 'selbständig **9**, 56

unter'brechen (unter'bricht), unter-'brach, hat unter'brochen 12, 71

(sich) unter'halten (unter'hält sich), unter'hielt (sich), hat (sich) unter-'halten

Er unterhält sich mit seinem Freund. **14**, 80

die Unter'haltung /en **6**, 39

die 'Unterlage /n **1**, 9

unter'scheiden, unter'schied, hat unter-'schieden

Unterscheiden Sie die Formen! **2**, 18

unter'schreiben, unter'schrieb, hat unter'schrieben

Sie müssen hier unterschreiben. **5**, 31

einen Vertrag unterschreiben **14**, 80

die 'Unterschrift /en **3**, 21

unter'streichen, unter'strich, hat unter-'strichen

Unterstreichen Sie die Prädikate! **10**, 62

unter'wegs

Pedro führt unterwegs ein Gespräch. **1**, 9

'unwichtig →'wichtig

Probleme scheinen nun unwichtig. **2**, 18

V

sich ver'abreden

Sie verabreden sich für den Abend. **13**, 74

ver'bessern 12, 73

ver'bieten, ver'bot, hat ver'boten

Heute morgen wurde das Auto verboten. **7**, 46

das Ver'bot /e

das Verbot des Autos ab 1980 **7**, 46

ver'brauchen 10, 58

ver'derben (verdirbt), ver'darb, hat ver-'dorben

eine Sache ganz verderben **11**, 68

ver'folgen

Ein Polizist verfolgte das Auto. **5**, 34

die Ver'folgung /en

die Verfolgung aufnehmen **5**, 35

ver'gehen, ver'ging, ist ver'gangen 1, 9

ver'giften

Die Luft ist vergiftet. **8**, 52

der Ver'gleich /e **9**, 56

ver'gleichen, ver'glich, hat ver'glichen

Vergleichen Sie die Zeitformen! **10**, 62

(sich) ver'größern 6, 38

sich ver'halten (ver'hält . . . sich), ver-'hielt . . . sich, hat sich ver'halten

Warum verhält sich die Verkäuferin falsch? **14**, 84

ver'hindern

Was sollte man verhindern? **8,** 52

der Ver'käufer /– **14,** 84

der Ver'kehr **4,** 28

das Ver'kehrschaos

Es wird noch mehr Verkehrschaos geben. **7,** 46

das Ver'kehrsmittel /– **15,** 90

ver'kürzen

Die Arbeitszeit wurde verkürzt. **10,** 59

ver'langen

Beim Zeitungsstand verlangt er Il Tempo. **14,** 84

sich ver'lassen (ver'läßt sich), ver'ließ ... sich, hat sich ver'lassen

Man kann sich auf ihn verlassen. **1,** 13

ver'lieren, ver'lor, hat ver'loren

Sechs Ziegen hatte der Bauer schon verloren. **10,** 62

ver'mieten

zu vermieten **6,** 36

ver'mitteln **6,** 36

die Ver'nunft **15,** 88

die Ver'sammlung /en

Kommst du mit in die Versammlung? **10,** 59

ver'schieben, ver'schob, hat ver'schoben

Wir werden die Fahrt verschieben. **7,** 47

ver'schieden

fast 500 verschiedene Antworten **1,** 12

ver'schließen, ver'schloß, hat ver'schlossen

Die Sendung darf nicht verschlossen werden. **8,** 48

ver'schmutzen **12,** 73

ver'senden, ver'sandte, hat ver'sandt

ein Paket versenden **8,** 51

ver'setzen

Ich wurde versetzt nach ... **12,** 71

ver'sichern

Er versichert, das nicht getan zu haben. **11,** 69

die Ver'sicherung /en

die Prämien für die Versicherung **7,** 46

ver'sprechen (ver'spricht), ver'sprach, hat ver'sprochen

Er versprach, es zu tun. **11,** 68

ver'stehen, ver'stand, hat ver'standen

Er versteht, den Chef sein Gewicht spüren zu lassen. **11,** 68

der Ver'trag /ä-e

Verträge werden geschlossen. **3,** 23

das Ver'trauen

jemandem Vertrauen schenken **11,** 68

ver'treiben, ver'trieb, hat ver'trieben

Menschen werden vertrieben. **8,** 52

ver'treten (ver'tritt), ver'trat, hat ver'treten

Wer vertritt unsere Interessen? **10,** 59

ver'üben

einen Banküberfall verüben **5,** 34

ver'wirklichen **15,** 91

ver'witwet **12,** 71

ver'zollen

Haben Sie etwas zu verzollen? **1,** 9

das 'Viertel

spätestens um Viertel vor acht **13,** 74

Ein Viertel Roten, bitte! **13,** 75

eine Viertelmillion Mark **4,** 28

das Volk /ö-er **14,** 84

die 'Volksvertretung /en **15,** 90

voll → leer

Die Zeitung ist voller Anzeigen. **13,** 75

die 'Vollversammlung /en **10,** 60

von ... an

von da an **10**, 60

von ... zu

von Jahr zu Jahr **7**, 47

vor'ausgesetzt

Wir wollen an die Mosel fahren, vorausgesetzt, daß das Wetter schön wird.
7, 42

vor'bei|gehen, ging ... vor'bei, ist vor'beigegangen

Auch das geht vorbei. **2**, 16

'vor|gehen, ging ... vor, ist 'vorgegangen
→ nachgehen

Die Uhr geht vor. **14**, 82

'vor|halten (hält vor), hielt ... vor, hat 'vorgehalten

mit vorgehaltener Pistole **5**, 34

'vorher

Wie lange habt ihr vorher gearbeitet? **10**, 59

vor'her|sagen

wie der Bauer vorhergesagt hatte
10, 62

die 'Vorlage /n

gegen Vorlage der Rechnung **14**, 81

'vor|lesen (liest ... vor), las ... vor, hat 'vorgelesen

Der Lehrer las eine Fabel vor. **10**, 62

der 'Vorname /n **8**, 50

'vor|rechnen

Der Chef hatte es vorgerechnet. **11**, 68

'vor|sagen

Er sagte, was ihm vorgesagt wurde.
11, 68

der 'Vorsitzende /n

Zum Vorsitzenden wählten sie den Elefanten. **11**, 68

die 'Vorspeise /n **3**, 20

'vor|tragen (trägt vor), trug ... vor, hat 'vorgetragen

eine Forderung vortragen **11**, 68

das 'Vorurteil /e **6**, 38

vor'züglich **3**, 20

W

'wachsen (wächst), wuchs, ist ge'wachsen **9**, 57

das 'Wachstum **9**, 56

'wählen

Fünf wählten den Wolf. **10**, 62

der 'Wähler /–

die 'Wählerin /nen **15**, 88

'während

während Sie genießen ... **3**, 20

während der letzten 20 Jahre **10**, 59

wahr'scheinlich

Wahrscheinlich muß ich in Raten zahlen. **14**, 80

die 'Währung /en **5**, 31

die 'Währungsreform /en **10**, 59

'wärmen

Milch wärmen **4**, 28

'warnen

Er warnte das Tier. **10**, 62

die 'Wäsche **4**, 28

'waschen (wäscht), wusch, hat ge'waschen

Hemden waschen **4**, 28

die 'Waschmaschine /n **4**, 28

das 'Wechselgeld

Das Mädchen sucht nach Wechselgeld. **14**, 84

'wechseln

Pedro wechselt Geld. **5**, 31

wechselnde Staatsgrenzen **3**, 23

'weiblich → 'männlich **6**, 37
'weise
    Er gilt als weise. **11**, 68
weiß
    Ein Viertel Roten oder Weißen?
    13, 75
die 'Weite /n **3**, 20
'weiteres
    Ging das so ohne weiteres? **14**, 81
'weiter|gehen, ging . . . 'weiter, ist
    'weitergegangen
    Es wird also weitergehen. **7**, 46
die 'Wendung /en **12**, 2
'werfen (wirft), warf, hat ge'worfen
    Werfen Sie einen Blick nach draußen.
    3, 20
'Westdeutschland **1**, 12
der 'Western /–
    Im Kino sah ich einen Western. **2**, 19
'westlich
    westlich des Rheins **15**, 90
der 'Wetterbericht /e
    den Wetterbericht hören **7**, 47
'wieder|geben (gibt . . . 'wieder), gab . . .
    'wieder, hat 'wiedergegeben
    Versuchen Sie, die direkten Reden kor-
    rekt wiederzugeben. **14**, 84
die 'Wiese /n **3**, 20
will'kommen heißen **14**, 84
'wirken
    Es wirkt unfreundlich. **2**, 18
die 'Wirtschaft /en
    Strom bringt Leben in die Wirtschaft.
    4, 28
    Gehen wir in die Wirtschaft. **7**, 44
'wirtschaftlich
    Das Auto wird etwas wirtschaftlicher
    sein. **7**, 46

das 'Wissen
    Am Anfang steht nicht das Wissen, son-
    dern der Zweifel. **15**, 91
das 'Wochenende /n **7**, 42
'wöchentlich
    die wöchentliche Arbeitszeit **9**, 56
der 'Wohlstand **9**, 56
der 'Wohnort /e **3**, 21
der 'Wohnsitz /e **12**, 71
die 'Wohnung / en
    Wohnungen werden abgerissen. **8**, 52
der Wolf /ö-e **10**, 62
das 'Wort /ö-er **1**, 12
der 'Wortschatz **14**, 85
'wünschen
    Sie wünschen bitte? **5**, 31
die 'Würde **15**, 88

Z

die Zahl /en **3**, 21
'zahlen
    in Raten zahlen **14**, 80
der 'Zahn /ä-e
    die Zähne putzen **4**, 28
    jemandem die Zähne zeigen **11**, 68
der 'Zeigefinger /–
    eine Geste mit Daumen und
    Zeigefinger **14**, 84
die 'Zeile /n **4**, 25
die Zeit /en
    zur Zeit **4**, 24
    im Lauf der Zeit **10**, 62
    Kann man baden um diese Zeit? **11**, 65
    Nimm dir Zeit dafür. **14**, 80
    eine 'Zeitlang **11**, 84
der 'Zeitraum /äu-e **9**, 56
der 'Zeitungsstand /ä-e **14**, 84

der 'Zeitungsverkäufer /– 11, 64
die Zen'sur /en
  Zensuren erhalten 13, 78
die Zen'tralheizung /en 6, 36
das 'Zentrum /tren
  im Zentrum der Stadt 5, 35
zer'stören
  Während des Krieges wurde viel
  zerstört. 10, 59
die Zer'störung /en 8, 53
das 'Zeugnis /se 9, 55
die 'Ziege /n 10, 62
'ziehen, zog, ist ge'zogen
  Hunderte zogen auf die Straße. 12, 73
das Ziel /e 10, 60
'ziemlich
  Es wurde ziemlich spät. 2, 15
die Ziga'rettenindustrie 4, 28
die 'Zimmersuche
  auf Zimmersuche gehen 4, 24
die 'Zimmervermittlung /en 4, 24
die 'Zimmerwirtin /nen 10, 58
der Zins /en
  Ein Sparkonto bringt höhere Zinsen.
  5, 31
der 'Zirkus /se
das 'Zirkustier /e 11, 68
die 'Zollkontrolle /n 1, 10
der 'Zollschein /e
  einen Zollschein ausfüllen 8, 50
'zu|geben (gibt ... zu), gab ... zu, hat
  'zugegeben
  Er gibt zu, er habe das getan. 11, 69

'zu|gehen, ging ... zu, ist 'zugegangen
  Er geht auf einen Ausschank zu.
  14, 84
die 'Zulassung /en
  Haben Sie die Zulassung zum Studium? 4, 24
zu'mindest 1, 12
zu'nächst
  Zunächst geht er zur Zimmervermittlung. 4, 24
zu'rück|gehen, ging ... zu'rück, ist
  zu'rückgegangen
  Seit wann gehen die Geburten
  zurück? 12, 72
zu'rück|zahlen
  Zurückzahlen wollten die auch
  nichts. 14, 81
der 'Zuschauer /– 12, 70
der 'Zuschlag /ä-e 3, 20
'zu|sprechen (spricht ... zu), sprach ...
  zu, hat 'zugesprochen
  Welche Eigenschaften werden ihm
  zugesprochen? 11, 68
'zu|stellen
  einen Brief zustellen 8, 49
'zuverlässig
  Er ist zuverlässig. 1, 12
der Zweck /e 6, 37
der 'Zweifel /– 15, 91
'zweifeln 15, 91
'zwingen, zwang, hat ge'zwungen
  Der Räuber zwang den Fahrer eines
  Autos, ihn mitzunehmen. 5, 34

Kontinente, Länder, Nationalitäten

Afghanistan, der Afghane, afghanisch
Afrika, der Afrikaner, afrikanisch
Ägypten, der Ägypter, ägyptisch
Albanien, der Albaner, albanisch
Algerien, der Algerier, algerisch
Amerika, der Amerikaner, amerikanisch
Argentinien, der Argentinier, argentinisch
Asien, der Asiate, asiatisch
Äthiopien, der Äthiopier, äthiopisch
Australien, der Australier, australisch
Bangladesh, der Bengale, bengalisch
Belgien, der Belgier, belgisch
Birma, der Birmane, birmanisch
Bolivien, der Bolivianer, bolivianisch
Brasilien, der Brasilianer, brasilianisch
Bulgarien, der Bulgare, bulgarisch
Ceylon, der Ceylonese, ceylonesisch
Chile, der Chilene, chilenisch
China, der Chinese, chinesisch
Costa Rica, der Costaricaner, costaricanisch
Dänemark, der Däne, dänisch
Deutschland (BRD, DDR), der Deutsche, deutsch
Dominikanische Republik, der Dominikaner, dominikanisch
Ecuador, der Ecuadorianer, ecuadorianisch
Elfenbeinküste, der Ivorier, ivorisch
El Salvador, der Salvadorianer, salvadorianisch
England, der Engländer, englisch
Europa, der Europäer, europäisch
Finnland, der Finne, finnisch
Frankreich, der Franzose, französisch

Ghana, der Ghanaer, ghanaisch
Griechenland, der Grieche, griechisch
Großbritannien, der Brite, britisch
Guatemala, der Guatemalteke, guatemaltekisch
Guayana, der Guayaner, guayanisch
Guinea, der Guineer, guineisch
Haiti, der Haitaner, haitanisch
Holland, der Holländer, holländisch
Honduras, der Hondurer, hondurisch
Indien, der Inder, indisch
Indonesien, der Indonesier, indonesisch
(der) Irak, der Iraker, irakisch
(der) Iran, der Iraner, iranisch
Irland, der Ire, irisch
Island, der Isländer, isländisch
Israel, der Israeli, israelisch
Italien, der Italiener, italienisch
Jamaika, der Jamaiker, jamaikanisch
Japan, der Japaner, japanisch
(der) Jemen, der Jemenite, jemenitisch
Jordanien, der Jordanier, jordanisch
Jugoslawien, der Jugoslawe, jugoslawisch
Kambodscha, der Kambodschaner, kambodschanisch
Kamerun, der Kameruner, kamerunisch
Kanada, der Kanadier, kanadisch
Kenia, der Kenianer, kenianisch
Khmer Republik (siehe Kambodscha)
Kolumbien, der Kolumbianer, kolumbianisch
der Kongo, der Kongolese, kongolesisch
Korea, der Koreaner, koreanisch
Kuba, der Kubaner, kubanisch
Kuwait, der Kuwaiti, kuwaitisch

Laos, der Laote, laotisch
der Libanon, der Libanese, libanesisch
Liberia, der Liberianer, liberianisch
Libyen, der Libyer, libysch
Liechtenstein, der Liechtensteiner, liechtensteinisch
Luxemburg, der Luxemburger, luxemburgisch
Madagaskar, der Madagasse, madagassisch
Malawi, der Malawier, malawisch
Malaysia, der Malaie, malaiisch
Malta, der Malteser, maltesisch
Marokko, der Marokkaner, marokkanisch
Mauretanien, der Mauretanier, mauretanisch
Mexiko, der Mexikaner, mexikanisch
Nepal, der Nepalese, nepalesisch
Neuseeland, der Neuseeländer, neuseeländisch
Nicaragua, der Nicaraguaner, nicaraguanisch
die Niederlande, der Niederländer, niederländisch (siehe auch Holland)
Niger, der Nigerier, nigerisch
Nigeria, der Nigerianer, nigerianisch
Norwegen, der Norweger, norwegisch
Obervolta, der Obervoltaner, obervoltanisch
Österreich, der Österreicher, österreichisch
Pakistan, der Pakistaner, pakistanisch
Panama, der Panamaer, panamaisch
Paraguay, der Paraguayaner, paraguayanisch
Peru, der Peruaner, peruanisch
die Philippinen, der Filipino, philippinisch
Polen, der Pole, polnisch

Portugal, der Portugiese, portugiesisch
Rumänien, der Rumäne, rumänisch
Sambia, der Sambier, sambesisch
Saudi-Arabien, der Saudi-Arabier, saudiarabisch
Schottland, der Schotte, schottisch
Schweden, der Schwede, schwedisch
die Schweiz, der Schweizer, schweizerisch
(der) Senegal, der Senegalese, senegalesisch
Singapur, der Singapurer, singapurisch
Somalia, der Somalier, somalisch
die Sowjetunion, der (Sowjet-) Russe, russisch
Spanien, der Spanier, spanisch
Sri Lanka (siehe Ceylon)
die Südafrikanische Republik, der Südafrikaner, südafrikanisch
der Sudan, der Sudanese, sudanesisch
Syrien, der Syrer, syrisch
Tansania, der Tansanier, tansanisch
Thailand, der Thailänder, thailändisch
Togo, der Togoer, togoisch
die Tschechoslowakei, der Tschechoslowake, tschechoslowakisch
Tunesien, der Tunesier, tunesisch
die Türkei, der Türke, türkisch
Uganda, der Ugander, ugandisch
Ungarn, der Ungar, ungarisch
Uruguay, der Uruguayer, uruguayisch
Venezuela, der Venezolaner, venezolanisch
die Vereinigten Staaten von Amerika — USA (siehe Amerika)
Vietnam, der Vietnamese, vietnamesisch
Zaire (siehe Kongo)
Zypern, der Zypriote, zyprisch

158

Quellennachweis: S. 18: Zeit-Magazin, 30. 10. 73; S. 23: Süddeutsche Zeitung, 22./23. 1. 72; S. 46: Zeit-Magazin, 17. 9. 71; S. 62: Süddeutsche Zeitung, 30. 10. 71; S. 68: Süddeutsche Zeitung, 20. 5. 67; S. 84: Die Zeit, 11. 2. 72; S. 91: Süddeutsche Zeitung, 20. 4. 72.

Bildnachweis: Umschlaginnenseiten vorn: Bavaria-Verlag, Gauting, Foto: R. Holtappel; S. 7 laenderpress, Düsseldorf, Foto: Steffens und Vogelsang, freigegeb. Reg.Präs. Düsseldorf Nr. 12 B 37; S. 20 H. K. McCann, Frankfurt; S. 23, 39, 59, 73, 91 Süddeutscher Verlag, München; S. 46 AP Frankfurt; S. 58 Bavaria-Verlag Gauting, Foto: K. Rose; Umschlaginnenseite hinten: Anthony-Verlag, Starnberg, Foto: Ditges

Grafiken: S. 38, 89, Globus-Kartendienst; S. 56 Spiegel-Verlag Hamburg; S. 22, 57, 72 G. Wustmann, Mötzingen; S. 12, 34, 40, 41, 52, Eberhard Holz, Villefranche sur Mer; S. 28 Walter Rieck, Heilbronn; S. 41 Mirko Szewczuk, Einsichten und Aussichten, Hamburg: Die Welt, 1957

Wollen Sie weiter lesen?

Für den Deutschlernenden gibt es die Reihen:

Lesen leicht gemacht

Einfache oder vereinfachte Texte aus der deutschen Literatur,
die Freude am Lesen wecken
und die Kenntnisse der deutschen Sprache und Literatur erweitern.

Die Reihe umfaßt:

Leicht

Christian Bock, Das sonderbare Telefon, Klettbuch 55914

Christian Bock, Seltsames Verhör, Klettbuch 55913

Joe Lederer, Drei Tage Liebe, Klettbuch 55912

Ludwig Thoma, Lausbubengeschichten, Klettbuch 55919

Friedrich Gerstäcker, Die Flucht über die Kordilleren, Klettbuch 55921

Leicht bis mittelschwer

Christian Bock, Das Schlafwagenabteil, Klettbuch 55915

Adalbert von Chamisso, Peter Schlemihls wundersame Geschichte, Klettbuch 55922

E. T. A. Hoffmann, Das Fräulein von Scuderi, Klettbuch 55911

Gottfried Keller, Romeo und Julia auf dem Dorfe, Klettbuch 55917

Siegfried Lenz, Ein Haus aus lauter Liebe, Klettbuch 55916

Charles Sealsfield (Karl Postl), Der Kapitän, Klettbuch 55918

Easy Readers – Deutsche Ausgabe

Vereinfachte Texte aus der deutschen Literatur. Ein Grundwortschatz von 600 (*A*), 1200
(*B*), 1800 (*C*) oder 2400 (*D*) Wörtern ist dazu nötig:

Erich Kästner, Mein Onkel Franz (*A*), Klettbuch 55522

August Winnig, Das Römerzimmer – Der Schneider von Osterwyk (*A*), Klettbuch 55521

Erich Kästner, Emil und die Detektive (*B*), Klettbuch 55541

Wolfdietrich Schnurre, Die Tat – Ein Fall für Herrn Schmidt (*C*), Klettbuch 55561